Die Ehre.

Der Zweikampf.

Die Ehre.
Der Zweikampf.

Zwei Vorträge

von

Dr. Karl Binding,
ord. Professor der Rechte zu Leipzig.

Neue Auflagen.

Leipzig,
Verlag von Duncker & Humblot.
1909.

Alle Rechte vorbehalten.

Altenburg
Piererſche Hofbuchdruckerei
Stephan Geibel & Co.

Vorwort.

Meine Rede über die Ehre und ihre Verletzbarkeit ist vergriffen. Die Ansichten, die sie vertritt, sind fester Teil meiner Überzeugung geblieben, und ich muß auch heute noch wünschen, daß sie wirken möchten. Ihre Verbreitung und Anerkennung gereichten unserem Volke — wie ich glaube — zum Segen.

Ich habe die Rede unverändert gelassen — nicht gewillt, sie zu einer Monographie zu verwandeln.

Im engsten Zusammenhang mit ihr steht die später von mir gehaltene Rede: „Der Zweikampf und das Gesetz". Sie zieht die Folgerungen aus der ersten gegen den Zweikampf und das veraltete Vorurteil, er sei ein notwendiges und ein geeignetes Mittel der Wiederherstellung verletzter Ehre.

So verbinde ich die Ergänzung der ersten Rede mit dieser selbst.

Leipzig, den 4. Juni 1909.

Binding.

Inhalt.

	Seite
Die Ehre und ihre Verletzbarkeit	1
Der Zweikampf und das Gesetz.	39

Die Ehre
und ihre Verletzbarkeit.

Rede,
gehalten zum Antritt des Rektorats
zu Leipzig, 31. Oktober 1890.

3. und 4. Auflage.

Hochansehnliche Festversammlung! [1]

Das ganze Land feiert heut das Gedächtnis einer geschichtlichen Großtat, die ihm ewigen Ruhmes würdig erscheint. Unsere Hochschule hat diesen Ruhmestag zu ihrem Ehrentage gemacht: sie beginnt von ihm ihre akademische Zeitrechnung; sie schaut an ihm rückwärts, freut sich des Gewonnenen und ehrt das Gedächtnis derer, die ihr genommen worden sind; sie grüßt zugleich die Zukunft, indem sie den Ehrenpreis des Siegers jungen Kämpfern reicht, die sich in der Arena der Wissenschaft zum erstenmale versucht und bewährt haben. So ist der heutige Tag ein Tag des Ruhmes und der Ehren, und da der Ruhm ja angeblich nichts anderes sein soll als Ehre, erhaben über Raum und Zeit, so drängt es an solchem Tage den, der denkend lebt, sich Rechenschaft zu geben über Ehre und Ehren.

Ich nenne die Worte — und wie ein Vogelschwarm flattern die so verschiedenen Dinge gleichen

---

[1] Die Rede wurde zum Antritte des Rektorates an der Universität Leipzig in deren Aula am Reformationsfeste, dem 31. Oktober 1890, gehalten.

Namens, alle Ehren, die jemandem erwiesen werden, und alle, die er hat oder zu haben meint, um unser Haupt. Es würde eine heiße Jagd werden, diese ganze flüchtige Schar in einer kurzen Stunde haschen zu wollen, und zur Teilnahme daran wage ich nicht Sie einzuladen. Nur eine Art möchte ich greifen, und sie zu ganz bestimmtem Zwecke: die Ehre der Person als solcher, keine andere, auch nicht die sog. Amts-, nicht die sog. Herrscher-Ehre, die wieder mit ihr nur den Namen teilen.

So verschiedenartige Dinge aber auch das eine Wort deckt, — behauptet doch selbst der Verbrecher eine eigene Ehre zu haben! — darin gleichen sie einander, daß über allen der Glanz liegt, als sei der ehrwürdigen Grimm Vermutung richtig, das Wort gehe an letzter Stelle auf ais und êr, das glänzende, leuchtende Metall zurück. Sprechen wir doch auch heute noch mit Vorliebe von dem blanken, fleckenlosen, glänzenden Schild der Ehre! „Mit Ehre wird — so sagen sie — ein Gipfel von Schönheit, Wert oder Zierde ausgedrückt."

Dieser Wert ist Menschenwert: an jenem Glanze sonnt sich kein ander Wesen der Natur!

Die unendlich reiche und ebenso fesselnde Geschichte der Ehre, die Entwicklung der Anschauungen über ihre Grundlagen, ihr Wesen, das Maß ihres Wertes, ihre tausendfachen Konflikte mit andern Gütern und deren ehrenhafte Lösung, über den Durst nach wahrer und nach falscher Ehre als treibende Macht in der Geschichte, über die sog. Ehrverletzung, deren Arten, deren Ahndung, deren angebliche Heilung, ist leider noch un-

Die bestimmenden Mächte ihrer Geschichte.

geschrieben. Ihre Darstellung würde sein eine Geschichte der Persönlichkeit gesehen im Spiegel der eignen Würdigung und zugleich eine Geschichte des Menschenschicksals, soweit es bestimmt ward durch die Schätzung des Menschenwertes. Ich darf sie hier nicht einmal skizzieren: nur ein Zeitpunkt derselben, die deutsche Gegenwart, soll den Hintergrund unserer Betrachtung bilden.

I. Der Mächte, welche die Geschichte der Ehre bestimmen, sehe ich vier: zwei normgebende, zwei normzeichnende: **das Volksgefühl**, das praktisch wird in der Sitte, ferner **das Recht** einerseits, die **wissenschaftliche Reflexion** und die **Dichtkunst**, für welche zu mancher Zeit und bei manchem Volk die Ehre geradezu den Angelpunkt gebildet hat, andrerseits.

Glücklich die Zeiten, worin diese Mächte über die Ehre eines Sinnes sind! Ihnen bleibt der oft so tragische, stets so peinliche Zusammenstoß von zwei verschiedenen Ehrauffassungen erspart. Das Recht als Gemeinwille steht dann — ein nie zu überschätzender Gewinn! — mit des Volkes Empfindung und seinem Denken in Einklang!

Grade dies Glück aber ist uns versagt! Unser ganzes Ehrenleben ist durchwühlt von dem großen Gegensatz der Anschauungen zwischen Sitte und Recht, ja sogar innerhalb der Sitte und innerhalb des Rechtes darüber, was Ehre ist und Ehre fordert. Denn dieser Gegensatz ist kein akademischer geblieben, vielmehr in regelrechten, nach seiner Dauer leider noch unabsehbaren Kampf ausgeartet.

Wenn aber ein ganzes Volksleben in einem so edlen Teile, wie in dem, welcher der Ehre dient, von zwei Zentren aus widersprechend bestimmt wird, so ist solche Ungewißheit ein schweres Unglück! Woher datiert dieser Kampf? Worum geht er? Wann endlich und wie wird er enden?

II. Es versteht sich: weder Sitte noch Recht können sich lösen aus dem Verbande mit dem ganzen nationalen Denken und Empfinden. In diesem müssen die Gegensätze enthalten sein, die in jenen praktisch werden. Und in der Tat, unser ganzes Sinnen und Fühlen über die Ehre bewegt sich in diametralen Widersprüchen.

Ideale Güter sind schwer faßbar und wägbar. So erklärt sich, wie Ehre dem einen sein Alles ist, der Inbegriff seiner selbst — Ehre verloren, Alles verloren! —, wie der andre dagegen sie unwillig ein eingebildet Gut, ein geschätztes Nichts schilt — ganz im Geiste des humoristischsten aber ehrlosesten Philosophen über die Ehre, des köstlichen Feiglings Sir John Falstaff, der so gern in Unehren lebte und so ungern in Ehren starb. Warum sollte er auch ihr zuliebe Blut oder gar das Leben verlieren? Was ist sie mehr als ein Wort, als eine Luftwelle, ein ohnmächtig Nichts? „Ehre ist nichts als ein gemalter Schild beim Leichenzuge, und so endigt mein Katechismus!"[1]

Denen sie aber etwas gilt, wiegt sie verschieden. So geht dem Streite über ihr absolutes Gewicht ein anderer über das relative zur Seite. Danach steht ihr Wert höher als der des Lebens, oder entschieden niedriger als dieser — eine Auffassung, die von jeher

---

[1] König Heinrich IV., 1. Teil. Fünfter Akt, erste Szene.

das deutsche Recht vertreten hat —, oder er ist gar geringer als der aller anderen Güter des Menschen.

Handelt es sich nun gar um die Bestimmung ihres Wesens, so reichen die Auffassungen von Pol zu Pol, und kein Punkt zwischen [beiden bleibt unbesetzt. Gerade dieser Streit aber greift am tiefsten in das Ehrenleben ein. Denn so viel verschiedene Auffassungen von der Ehre, genau so viele von der Beleidigung und ihren notwendigen Folgen muß es geben.

Die Ehre ist dem klassischen Altertume wesentlich das Ansehen des Einzelnen bei der Gemeinschaft gewesen. Aristoteles nennt sie die Meinung anderer von unseren Verdiensten. Sie liegt nach ihm mehr in dem, der ehrt, als in dem, der geehrt wird. So bildet sie die Quelle des Bewußtseins der eigenen Trefflichkeit[1]. Daraus folgt, daß sie nur den Auserlesenen zukommt, kein menschlich Gemeingut ist. Abgeschwächt begegnet diese Auffassung auch heute noch. Danach ist die Ehre nichts anderes als der gute Glaube Dritter an unsern Wert, mag er begründet sein oder nicht, unser guter Leumund.

Dieser äußerlichsten Ehre tritt die innerlichste gegenüber. Ehre ist der Wert eines Menschen — einerlei, ob gekannt oder unbekannt. Zu ihr gehört nur der innere Wert, das Edelmetall des Charakters, oder auch des Menschen natürliche Gaben. Eine leise Verschiebung und kleine Zutat, und die Ehre wird zum Gefühl des eigenen Wertes, die Beleidigung somit zur Gefühlskränkung.

---

[1] Aristoteles, Nikomach. Ethik. Buch I Kap. 3.

Tritt an Stelle des Gefühls das Wissen, so wandelt sie sich in **das Bewußtsein des eigenen Wertes** — eine Auffassung, wobei die Bescheidenen und die Bewußtlosen gar schlecht fahren!

Zwischen den beiden Extremen wird die Vermittlung gesucht. **Ehre ist der gute Name, sofern er dem inneren Werte entspricht** (Richard Rothe); sie ist **das Wertbewußtsein, das sich aus dem Bewußtsein der Übrigen reflektiert** (Reinhold Köstlin); sie ist **objektiv die Meinung anderer von unserm Werte, subjektiv unsere Furcht vor dieser Meinung** (so höchst charakteristisch Schopenhauer).

Von ganz anderem Standpunkte der Betrachtung aus wird die Ehre zum **sozialen Werte**, in die unschöne Sprache der Utilitarier übersetzt **zum Maße der gesellschaftlichen Nützlichkeit** eines Menschen.

Wer nimmt nicht sofort wahr, daß diese Ehren bald für Dritte schlechthin unverletzbar sind — so die Ehre als innerer Wert und als Wertbewußtsein, — bald in ihrer Integrität allzeit jedem Angriff wehrlos preisgegeben, wie die Ehre als guter Name und als Ehrgefühl?

Und deshalb müssen sich hier die Wege der Beleidigten scheiden. Denn wer seine Ehre trotz widerfahrener Beleidigung intakt weiß, kann nur Strafe für den Beleidiger fordern. Wer aber die Ehre hochhält und ihrer teilweise beraubt zu sein glaubt, den drängt sein Selbstgefühl ihre Wiederherstellung zu suchen, und nur über die Mittel kann er noch zweifeln. Soll er Heilung gewinnen durch Widerruf und Ehrenerklärung

Die Philosophie des Rechts über die Ehre.

des Injurianten, oder durch einen Heilakt des Richters, oder vielleicht durch das große Mysterium unseres Ehrenlebens: den Zweikampf? Und genau an der gleichen Stelle scheiden sich die Wege, welche nach der einen Seite das Recht, nach der andern Seite die Sitte die Beleidigten gehen heißt.

III. Daraus erhellt klar wie der Tag: den Kern ihres Streites bildet die Frage nach der Verletzbarkeit der Ehre, und nur aus der Erkenntnis ihres Wesens kann die Lösung gewonnen werden.

Die Frage ist eine philosophische. Aber nicht nach Art des Philosophen will ich darauf die Antwort suchen, sondern als Jurist eine darauf anderweit gegebene Antwort deuten.

Wie es nämlich neben der Philosophie über das Recht eine esoterische Philosophie des Rechts selbst gibt, so besitzt dies auch seine eigene Philosophie über die Ehre. Sie ist lange nicht so fein und vollständig ausgebildet, so folgerichtig durchgeführt wie die Philosophie des Rechts über das Willensproblem, die Schuld und ihre Arten, über die Kausalität. In dem Streite der Meinungen aber fordert sie aus doppeltem Grunde volle Beachtung: durch das Mittel der Rechtssätze beherrscht sie einen Teil des menschlichen Gemeinlebens; dann aber sind ihre Grundanschauungen gesund, weit gesunder als die der Sitte. Gebührt der Güte der Gedanken der Sieg, so haben die Grundgedanken des Rechts über die Ehre auf ihn Anwartschaft.

Ihnen möchte ich deshalb Worte leihen und ihren

Wert prüfen, damit womöglich klar werde, daß und warum das Recht recht hat.

IV. In ihm begegnen scheinbar drei Ehren: **die der Person als solcher als Gegenstand rechtlich mißbilligten Angriffs.** Ihre Verletzung, falls von Dritten widerrechtlich verübt, bildet den Grund der sog. Rechtsstrafe, falls vom Ehrenträger selbst vorgenommen erzeugt sie unter Umständen, besonders in dem Heer und in dem Beamtentume, einen Anspruch auf Disziplinarstrafe. Das Recht stellt der sog. Ehrverletzung durch Dritte die Verletzung der eigenen Ehre zur Seite, vielleicht richtiger gegenüber.

Leider widerfährt an dieser Stelle der Gesetzgebung, daß sie selbst sich schlimmer Verwechselung schuldig macht und dadurch hochbedauerliche Verwirrung teils stiftet, teils gutheißt. Ehre erzeugt einen Achtungsanspruch; aber nicht aller Respektsforderungen Quelle ist sie allein! Gewiß besitzt wie jeder Mensch so auch der König, der Beamte, der Offizier seine Ehre, deren Maß sich zum Teil bestimmt nach der Art der Herrschafts- und der Amtsführung. Aber ganz abgesehen von diesem Ehrbesitz kommt dem Herrscher und seinen Beamten ein Anspruch auf Respektserweisung zu, der allein in der Herrscherstellung des Königs und in der Tatsache, daß Beamte und Offiziere seine Statthalter sind, wurzelt. Er hat einen ganz anderen Inhalt als der Anspruch auf Achtung der persönlichen Ehre; seine Verletzung bedeutet etwas schlechthin anderes als die Ehrbeleidigung. Es ist schon schlimm genug, wenn die Amts ehre als Quelle jenes Achtungsanspruchs bezeichnet wird; noch schlimmer, wenn das heutige

Recht diese „Amtsehre" mit der durch die Art der Dienstführung erworbenen, der sog. Dienstehre, zusammenfließen läßt; weitaus am schlimmsten aber, wenn es die vorsätzliche Achtungsverletzung gegen den König als Herrscher nur als hervorgehobenen Fall der Privatbeleidigung behandelt, damit ein unentbehrliches Majestätsverbrechen als selbständiges in Verlust geraten läßt, das Staatsverbrechen unter den dürftigen Gesichtspunkt des Privatverbrechens stellt und zugleich den Begriff der echten Beleidigung tief erschüttert! Ohne scharfe Scheidung dieser echten, aber in der Ehre nicht wurzelnden Respektsansprüche von dem Anspruch auf Achtung der persönlichen Ehre als solcher ist an dieser Stelle weder ein wissenschaftlicher noch ein gesetzgeberischer Fortschritt möglich.

Des weiteren bezeichnet das Recht die Ehre als **Voraussetzung für Erwerb und Fortbestand bestimmter Rechte, die einen intakten Träger verlangen.**

Endlich erscheint sie **als das Gut, das der Richterspruch dem Verbrecher wegen ehrloser Tat zur Srafe entzieht.**

Ich beseitige vor allem diese dritte Art. Nichts wäre unrichtiger als zu glauben, die Ehre als Ziel der Beleidigung und die als Gegenstand der Strafe seien identisch. Sie haben nichts miteinander gemein als kraft ungenauen Sprachgebrauchs leider den Namen. Die Ehrenstrafe macht nicht ehrlos, sondern den ehrlos schon gewordenen rechtlos. Früher wirkte die sog. Ehrlosigkeit, die nie infolge von Geburt oder verächtlichen Gewerbes, sondern nur infolge gemeiner

Verbrechen und Treubruchs eintrat, den Verlust der Glaubwürdigkeit, besonders der Eidfähigkeit. In dieser Form hat sie sich nur als notwendige lebenslängliche Rechtsfolge des Meineids erhalten. Im übrigen nimmt die Ehrenstrafe heute nur dem Unwürdigen die sog. bürgerlichen Ehrenrechte, das ist eine gesetzlich geschlossene Summe von Rechten und Fähigkeiten, deren nur der Würdige genießen soll, von denen einzelne freilich auch dem anerkannt Würdigen aus zwingenden Gründen versagt werden, wie dem Soldaten unter der Fahne die Ausübung des politischen Wahlrechts. Jene Unwürdigkeit kann nach dem Urteile des Rechts bewirkt werden nur durch ehrlose Handlung des bisher Berechtigten; selbst der allmächtige Staat von heute vermag nach seiner eignen Auffassung Ehre weder zu geben noch zu nehmen!

So fällt die dritte Art der Ehre als eine Scheinart fort; die zweite aber wird von selbst durch Betrachtung der ersten klar werden.

V. Was aber versteht das Recht unter der persönlichen Ehre als Objekt mißbilligten Angriffs? Grade über diese Kardinalfrage versagen die geschriebenen Quellen den genauen ausdrücklichen Aufschluß. Entweder verzichten sie vollständig auf eine Definition der Beleidigung, oder ihr Versuch eine solche zu geben ist ganz ungenügend. So entsteht weitaus die empfindlichste Lücke im positiven Ehrenrechte: denn Wissenschaft und Praxis füllen sie unsicher, die gereizte Empfindlichkeit des Verletzten zwar mit souveräner Sicherheit, aber auch mit souveräner Willkür und gerade solchem Unverstande aus.

Auch das deutsche Strafgesetzbuch behandelt — darin gerade so wenig ausgiebig wie fast alle seine Vorgänger — das Unbekannte als das Allbekannte, und sagt einfach: „Die Beleidigung wird bestraft." Nur über zwei Arten, die sog. leichtfertig üble Nachrede und die weit schwerere Verleumdung erfahren wir mehr, aber nicht genug: beide werden durch die Sprache und zwar „durch Behauptung oder Verbreitung von Tatsachen in Beziehung auf einen andern begangen, die denselben verächtlich zu machen oder in der öffentlichen Meinung herabzuwürdigen geeignet sind". Aber weder über Inhalt und Umfang der Beleidigung, noch über die Gründe, woraus jemand im Sinne des Gesetzes verächtlich wird, sagt dieses ein Wort. Nur darüber läßt es anderweit keinen Zweifel, daß jene behauptete oder verbreitete Tatsache eine strafbare Handlung nicht sein muß, aber sein kann. Indessen welche strafbare Handlung?

Unsere Erkenntnis wächst wenig, wenn einige der früheren deutschen Strafgesetzbücher als Angriffsobjekt der Beleidigung die b ü r g e r l i c h e E h r e bezeichneten. Denn was bedeutet das jedenfalls falsch gewählte Wort? Lehrreicher wird es dagegen, wenn die Gesetze von H e s s e n und B a d e n zur Verleumdung e i n e f a l s c h e B e z i c h t i g u n g m i t s t r a f b a r e n o d e r u n s i t t l i c h e n H a n d l u n g e n forderten, und wenn das b a y e r i s c h e S t r a f g e s e t z b u c h von 1861 die Bezichtigung mit einer Übertretung nicht ohne weiteres zur Verleumdung genügen ließ. Andererseits sind auf den gefährlichsten Abweg die Gesetze geraten, welche als ausreichende Wirkung der Verleumdung neben der Verachtung auch den Haß namhaft gemacht haben.

Auch dient es nicht gerade zur Aufklärung, wenn das heutige Recht nach Vorbild der früheren Strafgesetzbücher bei schwereren Verbrechen eine Strafe, die sog. custodia honesta der Festungshaft kennt, deren Zubilligung als eine Art staatlicher Ehrenerklärung an den Verurteilten wenigstens gefaßt werden kann. So handelt es sich für Wissenschaft und Praxis darum, vorsichtig aber sicher dieses Ehren= und Beleidigungsblankett des positiven Rechts, soweit möglich an der Hand seiner Satzungen, jedenfalls aus seinen Grundgedanken heraus zu füllen.

Die Schwierigkeit dieser Arbeit gründet in der Idealität des Gutes, wodurch es sich wesentlich von Leben, Gesundheit, Ungestörtheit der Willensbetätigung scheidet. Alle diese Güter finden ihre Analoga auch in der Welt der Tiere, die Ehre nicht: sie ist rein menschlich.

1. Ihre rechtliche Anerkennung oder, wie ich auch sagen darf, ihre Erhebung zum Rechtsgut, das von allen zu respektieren, vom Staate zu schützen ist, übt eine großartige soziale Funktion aus, die auf ihr Wesen helleres Licht wirft.

Nach der Ehre bestimmt sich — so will es das Recht — das Mindestmaß des im Verkehr von Mensch zu Mensch zu wahrenden Anstandes, weil das Mindestmaß von Achtung, das jeder dem andern schuldet: insbesondere im ganzen großen Verkehr mittels der Sprache. Die Ehre ist — richtiger: nach ihr bemißt sich — der rechtlich anerkannte Verkehrskurs

eines Menschen. Unmittelbar jenseits der Grenzen
der Beleidigung breitet sich aus das unendlich weite
Gebiet des nach Inhalt und Form statthaften friedlichen
Verkehrs, besonders des Wortverkehrs. Deshalb wirkt
die falsche Deutung der Ehre so gefährlich: die zu
weite Fassung schlägt diesen Verkehr in unerträgliche
Fesseln, die zu enge öffnet der unerträglichen Gemein=
heit Tür und Tor!

2. Worin aber findet das Recht den Wert, der
den Kurs als Mindestmaß allgemeiner Achtungs=
würdigkeit bestimmt? Jedenfalls nicht im Maße des
subjektiven Wertbewußtseins; denn dies kann fehlen
oder falsch sein. Ebensowenig in dem guten oder
bösen Leumund eines Menschen: „denn es gibt — um
mit dem ehrwürdigen Richard Rothe zu sprechen —
viel falsche Ehre und viel falsche Schande". Der
Leumund sollte der Ehre entsprechen, aber vielfach
tut er es nicht. Ehre und guter Name fallen nicht
selten vollständig auseinander. Zum Schlusse ebenso=
wenig in Gütern, die außerhalb der Persönlichkeit
liegen: in Abstammung, Reichtum, Amtsstellung, im
Besitze äußerer Ehren.

Vielmehr zeigt genauere Prüfung zweifelloser Be=
leidigungsfälle, daß sich dieser Wert aus zwei ver=
schiedenen Bestandteilen zusammensetzt: einem konstanten
und einem variablen.

a) Dank dem Christentum ist im Gegensatze zur
Antike allmählich in der Geschichte des Rechts der
Grundsatz von der Gleichheit aller Menschen als solcher
zur Anerkennung gelangt. Daraus folgt unwider=
sprechlich: der Mensch ist nicht nur allein der Ehre

fähig, sondern auch jeder Mensch — nicht lediglich der Bürger, oder der Freie, oder der Standesgenosse — besitzt in seinem Menschentum ein Ehrenkapital, kraft dessen er beanspruchen kann von allen anderen als ihresgleichen behandelt zu werden. Dieser eigentümliche Menschenwert bildet den Rückgrat aller Ehre im Rechtssinne. Er eignet jedem Menschen vom Tage seiner Geburt an, und insoweit erscheint die Ehre als angeborenes Gut; seiner gleich teilhaftig ist das jüngste Kind, wie der Erwachsene, wie der Greis, der glänzende Geist nicht mehr und nicht minder wie der Arme, den geistige Krankheit umnachtet. Sie stirbt nie vor dem Menschen, stets mit dem Menschen. Sie steht nach Dasein und Maß ganz unabhängig von Höhe und Tiefe der sozialen Stellung und von der Standeszugehörigkeit des Ehrenträgers. Unser Ehrenrecht von heute ist durchaus demokratisch und verwirft jede Abstufung von Standesehren.

Dieser angeborenen Ehre widerstreitet jede Behandlung des Menschen in Wort und Tat, als sei er ein Tier oder ein Stück lebloser Natur. All unsere zoologischen Schelt- und Schimpfworte sind beleidigend, weil sie den Gescholtenen für unwürdig erklären, Mensch zu sein. Diesen spezifischen Menschenwert kann natürlich keine Beleidigung nehmen oder mindern. Nur der Unwürdige und Unselige, der in sich selbst die Menschheit prostituiert, vermag einen Teil dieser angeborenen Achtungswürdigkeit zu verwirken: ganz Bestie kann er nicht werden, wenigstens will das Recht es nicht glauben.

b) Im übrigen ist die Ehre eines Jeden seiner Hände eigenstes Werk, kein ange=

borenes, sondern ein wohl erworbenes Gut. Dieses Ehrgewand webt sich jeder für den eigenen Leib, richtiger die eigene Seele. Von dieser Ehre gibt es kein konstantes, nicht einmal ein Durchschnittsmaß: ihre Größe bestimmt sich durchaus individuell. Die Fäden ihres Gewebes bilden menschliche Handlungen und nur sie, nicht etwa auch natürliche Gaben des Menschen. Gewiß: Genie kann Bewunderung, Verstand Achtung, Schönheit Sympathie wirken! Aber nicht alles, was jemandem in den Augen seiner Genossen Wert gibt, ist Wert im Rechtssinne, Wert, der zur Ehre gehört, dem deshalb von allen gleichmäßig Achtung gezollt werden muß. Nur ein elend Recht könnte der Natur überlassen den einzelnen die Ehre zuzumessen. Was kann der Beschränkte für seinen Mangel an Genialität, was der Häßliche für Aussehen und Gestalt? Wie können beide Defekte an die Ehre gehen? Macht aber Einfalt nicht ehrlos, dann kann der Verstand auch Ehre nicht geben. Und so ist das Genie kein tauglicherer Gegenstand der Beleidigung als der Tropf, und der Doppelgänger Apolls kein besserer als der des Thersites. Die Vorwürfe der Beschränktheit und der Häßlichkeit gehen nicht an die Ehre.

Was der Einzelne der Gesamtheit wert ist, also in ihr gelten muß, kann sie nur nach seinen Leistungen in ihr und für sie bemessen. Danach und danach allein bestimmt sich die individuelle Ehre, die insoweit allerdings als erworbener Sozialwert bezeichnet werden darf. Unsere Rechtsordnung bestimmt diesen durchaus nicht nach der Nützlichkeit; sie mißt die Handlungen nicht allein, nicht einmal an erster Stelle nach ihrem äußeren Erfolge, sondern vor allem nach dem Willen, dem sie entsprungen sind: die Handlung wird ihr zum Schlüssel des Charakters.

Jene Leistungen des einzelnen an die Gesamtheit aber scheiden sich in zwei große Massen. Entweder der Einzelne erfüllt nur, was die Gesamtheit von ihm zu fordern hat, was sie ihm an rechtlichen und sittlichen Pflichten auflegt. **Pflichterfüllung heißt die eine mächtige Quelle der Ehre als erworbenen Sozialwertes.**

Oder der Einzelne fördert die Gemeinschaft über das Maß ihres Anspruches, vielleicht auch über das ihrer Erwartung. Die Großen treibt ihr Beruf, die Guten ihre Großmut, weit mehr zu tun als die Pflicht heischt, und ihre Großtaten können dann ebensogut auf sittlichem wie auf rechtlichem Gebiete spielen. Ihnen danken sie den Erwerb einer Ehre, die sich nicht selten zum Ruhme steigert. **Die spontane Förderung des Ganzen ist die zweite Quelle der erworbenen Ehre.** Diese zerfällt also in zwei Teile, **die der erfüllten Pflicht und die der freien Tat.**

Sofort erhellt: es gibt keine angeborene, sondern nur erworbene Unehre, und nur durch Pflichtverletzung, nicht durch Unterlassung der freien Großtat kann sich jemand beflecken. Wer die Beleidigung verstehen will, hat dies zu beachten.

Pflichten zu erfüllen und zu verletzen vermag aber nach Auffassung des Rechts nur der Verantwortliche. Der Begriff der Ehre basiert insoweit völlig auf dem des sog. freien Willens, wie man diesen auch

Ihre positive Natur. Die Standesehre.

konstruieren mag. Ehre und Unehre erwerben kann also nur der Handlungsfähige. Beide besitzen kann er noch, nachdem ihn schon lange der Wahnsinn gepackt hat.

Zwischen Ehre und Unehre aber gibt es, daß ich so sage, einen Nullpunkt: den der nicht erfüllten und nicht verletzten Pflicht — eine Art negativer Ehre —, und dieser ist auch der Unzurechnungsfähige teilhaftig. Wer wissend, daß jemand im Wahnsinn seine Frau erschlagen, ihn Mörder schilt, beleidigt ihn: denn den Unglücklichen, Unbefleckten behandelt er als einen Missetäter, einen Schurken.

Man hat wohl geglaubt, alle Ehre im Rechtssinne sei dergestalt negativ: sie bedeute nur die Freiheit und Reinheit von Delikt und Unsittlichkeit, die Negation eines Unwertes, nicht aber zugleich den positiven Wert, den die Pflichterfüllung verleiht. Da aber jeder verantwortliche Mensch die Pflicht hat seine Pflichten zu erfüllen, so kann das Freibleiben von der Pflichtverletzung nur durch Pflichterfüllung bewirkt werden. Es gibt also keinen verantwortlichen Menschen nur mit negativer Ehre.

Jetzt wird auch deutlich, in welchem Sinne heute noch allein von Standesehre gesprochen werden darf. Die Zugehörigkeit zu einem Berufsstande kann außer den allgemeinen auch besondere Pflichten auflegen. **Die wahre Standesehre besteht dann in der Erfüllung dieser neben allen anderen, nicht aber auf deren Kosten.**

c) **Der Verkehrskurs eines Menschen wird jedoch nicht allein durch das Maß**

2*

seiner Ehre, sondern auch durch das seiner
Unehre bestimmt. Und so wird es Zeit, von der
hellen Seite nach der dunklen hinüber zu schauen.

Kein Mensch ist fehllos, keiner in jedem Gran
ein Schurke. Im Menschengeschlecht gibt es weder
absolute Ehre noch absolute Ehrlosigkeit. In dem
großen Ehrenbuche jedes Menschen sind stets Einträge
auf beiden Konten. Ist das der Unehre nur soweit
belastet, als der Mangel menschlicher Vollkommenheit
notwendig mit sich bringt, so sprechen wir Unvoll=
kommenen mit gutem Grund von reiner Ehre.

Anders wenn die Gegenseite eine stärkere Be=
lastung zeigt. Dann scheiden sich — freilich nur zum
Teil in Feindschaft — die Betrachtungsweisen des
Rechts und der Sitte. Letztere mildert wohltätig ge=
wisse Starrheiten der rechtlichen Beurteilung, sanktioniert
andernteils sehr falsche Anschauungen.

In solchen Fällen liegt nämlich nahe — und so
verfährt das Leben und kann kaum anders verfahren —
beide Seiten gegeneinander abzuwägen und Ehren=
und Dunkelmänner in Bausch und Bogen zu scheiden,
je nachdem die weißen oder die schwarzen Kugeln die
Mehrheit oder das größere Gewicht haben.

Auch trägt die Sitte kein Bedenken eine un=
ehrenhafte gegen eine ehrenhafte Handlung aufzurechnen
und glaubt, daß ein Fehltritt durch nachträgliche
dauernde Wahrung der Ehrenpflichten gesühnt werden
könne.

Hierin von ihrem Standpunkte aus ganz im Recht,
irrt sie schwer durch Annahme einer Art von thesaurus

supererogationis, woraus Ehrendefekte gedeckt werden könnten.

Den Inhalt dieses Schatzes bilde der persön= liche Mut, und wer dessen Besitz durch die Tat beweise, beweise für seine Ehre oder tilge erworbene Unehre. Eine mögliche Tugend neben andern wird durch das Übermaß ritterlichen Sinnes zur einzigen Tugend gesteigert: eine für die Ehre geradezu ver= nichtende Übertreibung! Denn haben nicht die größten Bösewichter oft fast übermenschlichen Mut bewiesen? Kann der Mut den Schurken, dem er dient, zum Ehrenmann machen? Er macht ihn gerade so gefährlich, als er verächtlich ist, also zum doppelten Schurken, zur Geißel der Menschheit. Wenn der Verleumder für seine Verleumdung mutig in die Schranken tritt, hört er dadurch auf ein gemeiner Lügner zu sein? Gewiß kann der Mut ehren und adeln, aber nur im Dienste der Pflicht und der freien Großtat!

Ganz anders schaut das Recht diese Dinge an. Es hat den Verkehr nicht lediglich in Bausch und Bogen, sondern bis in die kleinste Einzelheit zu regeln: jedem gerecht sein Achtungsdeputat zumessend. Des= halb darf es in seinem Urteil nicht unsicher werden. So führt es stets getrennt Buch über Ehre und Un= ehre, rechnet nie das eine Konto gegen das andere auf, kennt keine Kompensation zwischen ehrlicher und unehrlicher Handlung, kennt leider — ein großer, aber nicht leicht zu hebender Mangel! — auch keine Löschung einzelner Einträge im Buch der Unehre, keine Ver= jährung derselben, nicht einmal eine sichere Rehabili= tierung des Verunehrten durch den Strafvollzug: nur der Ablauf der Zeit, auf deren Dauer die Ehrenstrafen ausgesprochen werden, kann unwidersprochen als Rehabilitierung in bestimmten Umfange bezeichnet werden[1]. Entschieden jedoch verwirft das Recht die ganze Theorie von der Unehre tilgenden Kraft des Mutschatzes. Ist aber alle Ehre Stückwerk, und macht das Recht doch die Ehre zur Voraussetzung manchen Rechtsbesitzes, so kann es immer nur bestimmte Bruchstücke der Ehre fordern. Der verliert die bürgerlichen Ehrenrechte, der durch konkrete Pflichtverletzung soviel Unehre auf sich geladen hat, daß er der Wahlrechte unwürdig erscheint. Nicht die Ehre ist Voraussetzung des Rechtsbesitzes, vielmehr die Freiheit von bestimmter Unehre.

d) Das Maß erworbener Ehre wie Unehre wird bedingt durch das in der Tat sehr verschiedene Maß von Heiligkeit und Tragweite erfüllter und verletzter Pflichten. Es gibt aber keine Pflichtverletzung, die Unehre nicht zeugte, und eine Strafe, die zugleich Ehrenerklärung für den Verbrecher sein soll, ist ebenso

---

[1] Diese Untilgbarkeit der Flecken auf der Ehre nach Rechtsauffassung schließt eine große Härte in sich. Wir werden uns der Pflicht nicht entschlagen können energisch darüber nachzudenken, wie diese Härte gemildert, vielleicht beseitigt werden kann. Etwas Abhilfe bietet das Reichsstrafgesetzbuch § 192. Der alte Jahn hat in der Paulskirche bei der Debatte über die Unbescholtenheit als Voraussetzung des Staatsbürgertums gesagt: „Es ist wider alle Sitte und allen Glauben, man müsse das ganze Leben büßen, wenn man einen dummen Streich gemacht. Hat einer seine Strafe ausgehalten, so ist er wieder ehrlich." (Stenogr. Berichte II. S. 955.) Allein so einfach liegt die Sache nicht!

Quelle der Unehre.

widersinnig als verwerflich, ganz besonders dann, wenn sie, wie die Festung bei Hoch- und Landesverrat dem Urheber schwerster Verbrechen, dem Verräter, die Ehre von Staatswegen bezeugen soll. Andrerseits gibt es keine schuldlose Handlung, die Unehre wirkte, sollte auch die hochbedauerliche Straffucht des modernen Staates sie durch Gesetz oder Rechtssprechung zur Straftat gestempelt haben. Alle Schuld und nur die Schuld zeugt Unehre.

Deshalb belastet auch die maßvolle Pflichtverletzung im Notstande nicht, wenn die Erfüllung der einen Pflicht nur durch Verletzung der andern möglich war. Dies gilt insbesondere von dem Offiziere, der heut rechtlich verpflichtet ist seine angegriffene Ehre eventuell mittels Zweikampfs zu verteidigen, und der unerhörterweise doch bestraft wird, wenn er dies tut. Sein Zweikampf gereicht nicht ihm, die Strafbarkeit jeines Zweikampfs aber im höchsten Maße unsrer Gesetzgebung zur Unehre.

VI. So glaube ich die Begriffe Ehre und Unehre im Sinne des geltenden Rechtes bestimmen zu müssen. Inwiefern regelt sich nun nach dem Ehrbesitz die passive Stellung des einzelnen im Verkehre? Welche Behandlung seitens der Mitwelt gebührt ihm kraft seiner Lebensführung von Rechts wegen? Welche kann er verlangen, wenn er darauf hält, daß sein Wert respektiert werde?

1. Kann er positive Anerkennung der Ehre in vollem Umfange, vielleicht gar Ehrerweisung nach dem Maße seines Verdienstes fordern? Solcher Forderung zu genügen wäre unmöglich: denn wer kann das

Ehrenmaß aller anderen kennen? Sie durchzuführen wäre untunlich: denn wer vermöchte ein bestimmtes Werturteil seiner Mitmenschen zu erzwingen oder durch die Gerichte erzwingen zu lassen? Auch erzeugt die Ehre de lege lata nie Rechtsansprüche auf positive Anerkennung oder auf Achtungsbeweise, sondern stets nur auf Unterlassung der Ehrenkränkung. Die Beleidigung ist Begehungs-, nicht Unterlassungsdelikt.

2. Kann der Ehrenträger verlangen, daß seiner Ehre nichts abgezogen, kein Ehrentitel ihm abgesprochen werde? Man sollte glauben: zweifellos. Das Recht sagt nein. Hier wird der oben aufgestellte Unterschied zwischen der Ehre der freien Tat und der der erfüllten Pflicht bedeutsam. Der dunkle Ehrenmann, der Kaiser Wilhelm und Bismarck das Verdienst der Errichtung des deutschen Nationalstaates, einer ihrer größten Ehrentaten, abspräche, verneinte einen Teil ihrer Ehre, und beleidigte doch nicht. Denn eine große Ehre nicht haben, ist noch nicht Unehre haben.

3. Und hier stehen wir am Wendepunkt. In demselben Augenblick, wo jemand zu Unrecht einem andern die Ehre der erfüllten Pflicht abspricht, behandelt er ihn als mit Unehre belastet, von der dieser sich frei gehalten. Der Anspruch aber gebührt jedermann, im Verkehr nicht als schlechter behandelt zu werden, als er sich bewährt hat. Er bildet das Äquivalent dafür, daß er um Ehre geworben, sich von Unehre frei gehalten hat. Also nicht nach dem Maße seiner Ehre, sondern nach dem seiner Freiheit von Unehre muß jeder von uns behandelt werden. Dies Maß bildet den großen

und der Anspruch, den sie erzeugt.

negativen Regulator friedlichen Verkehrs. Seine Achtung ist das Wenigste, was wir verlangen können. Dieser unserer bescheidenen Forderung aber steht das Recht zur Seite, und würde es um unserer Selbstachtung willen auch dann tun müssen, wenn Ehre und Freiheit von Unehre nicht das wertvolle Kapital bildeten, das einem jeden Vertrauen, Ansehen, Kredit, Amt werben und erhalten muß. Unehre ist ein Todfeind seiner Existenz: ihre falsche Behauptung für diese eine schwere Gefahr.

Daraus erhellt auch sofort **das Wesen der Beleidigung**. Sie ist in allen Fällen **widerrechtliche Behandlung eines Menschen nach Maß nicht vorhandener Unehre** — eine falsche, allgemeine oder beschränkte, durch Wort oder Tat vollführte Ehrloserklärung. Sie hieße weit richtiger **Verunehrung** als Ehrverletzung und Beleidigung.

4. Worauf aber niemand gegen seine Mitwelt einen Anspruch hat, das ist auf Dissimulation der Unehre, die er durch seine Lebensführung auf sich geladen. Dennoch wird dieser Anspruch nicht nur oft genug erhoben, sondern auch wohl gerichtlich anerkannt! In unserer Zeit mit ihrem feinen Zartgefühl gegen den Schuldigen und ihrem Mangel an solchem gegen alle, die ihm angeblich zu nahe treten, hat sich jeder sehr zu hüten Schuld und Verbrechen bei ihrem wahren Namen zu nennen.

Wer aber dem Belasteten wahrheitsgetreu seine Unehrenhaftigkeit vorrückt, behandelt ihn genau nach Wert, und mehr kann niemand heischen. Die Ehre, genauer die Freiheit von Unehre, fehlt, die vorhanden sein müßte, damit dieser Vorwurf zur Beleidigung werden könnte. Trotzdem beleidigen hieße so viel als eine Leiche töten, was zu vollenden wie zu versuchen gleich unmöglich ist. Man hat seltsamerweise die rechtlich durchaus anerkannte Straflosigkeit solchen Beginnens statt, wie allein geboten aus dem Ehrendefekte, aus einem erfundenen Recht die Wahrheit zu sagen, auch wenn sie kompromittierend sei, herleiten wollen. Solche Rechtsmonstra aber wie die, die Wahrheit zu sagen oder zu lügen, haben nie bestanden und werden nie bestehen: sie sind nur erheiternde Konfusionsprodukte.

Ebenso falsch ist die nicht seltene Auffassung, daß trotz der Wahrheit des Vorwurfs sein ehrverletzender Charakter bestehen bleibe, und nur seine Strafbarkeit schwinde. Die Bedeutung der sogenannten Einrede der Wahrheit (exceptio veritatis) wird heute vielfach verkannt, ihre Kraft und Tragweite unterschätzt. Die notwendige Folge einer Erweiterung des Gebietes der Beleidigung über alle Gebühr bleibt nicht aus.

VII. Nun ist der Anspruch des einzelnen Ehrenträgers auf Behandlung seinem Ehrenkonto entsprechend **Folge der Ehre, nicht die Ehre selbst**. Seine Befriedigung gibt nicht Ehre, sondern erkennt sie nur tatsächlich an; seine Verletzung nimmt nicht Ehre, sie ist nicht deren Verletzung, sondern nur **Verletzung der Achtungsbedürftigkeit**, soweit sie zugleich Achtungswürdigkeit ist, **Verletzung des Willens, der auf Achtung der Ehre hält**, — sei es auf Achtung der eigenen, sei es auf Achtung der Ehre dessen, den in seinem Ehrenwillen zu vertreten das Gesetz dem reiferen Genossen auflegt.

Gerade diese letzte so überaus wichtige Wahrheit wird so oft verkannt!

Das ideale Rechtsgut der Ehre ist durch dritte Hand absolut unverletzbar. Unter den Streichen des Mörders haucht dessen Opfer sein Leben aus: des Verleumdeten Ehre aber strahlt nicht minder hell, obgleich der Verleumder versucht hat sie zu verdunkeln. Nicht jenen, nur diesen befleckt die Verleumdung mit Unehre. Der feine Satz Vincenzo Monti's, die Injurien machten es wie die Kirchenprozessionen, die stets dahin zurückkehrten, von wo sie ausgegangen, trifft haarscharf zu. Ja selbst derjenige, der sich Ehre erworben hat, kann diesen Erwerb nicht annullieren, wohl aber den relativen Wert seines Besitzes dadurch mindern, daß er sich mit Unehre bedeckt. Niemand vermag dies außer ihm.

Weh dem, der das Gegenteil glaubt! Denn dieser Glaube an die Verletzbarkeit seiner Ehre kann auf dem Gekränkten lasten wie ein wuchtendes Schicksal; er nimmt ihm den Atem und treibt ihn sich durch Gewalttat von dem Alp dieses Druckes zu lösen. Die tiefe Tragik dieses Glaubens, der — wenn erst eingewurzelt — vergeblich wider alle Vernunft kämpft, hat Calderon zu ganz ergreifendem Ausdrucke gebracht. Dort spricht im Maler seiner Schmach der tief beleidigte Don Juan:

„Ich so erniedrigt? Himmel! Doch wie anders,
Wenn krankhaft reizbar es die Ehre will!
Weh über den, der solch Gesetz gegeben,
Der meinen Ruf in fremde Hand gelegt,
Daß fremdes Tun, nicht eignes ihn bestimme,
Die Schmach dem zuteilt, dem die Kränkung ward,

Nicht jenem, der das Schmähliche beging!
Er wußte von der wahren Ehre wenig!
Wie kann die Welt so argen Mißbrauch dulden,
Daß dort die Schuld und hier die Strafe sei?
Weh über den, der solch Gesetz gegeben![1]

Solch heißer bittrer Schmerz sucht seine Stillung naturgemäß im Blut des Ungerechten, der ihn erzeugt hat.

In diesem Glauben an die wirkliche Verletzbarkeit der Ehre liegt also eine große Gefahr für Frieden und Recht und eine noch größere für den Frieden der Seele. An diesem Glauben krankt noch heute wie allbekannt das Leben; bei ihm ist leider auch vor langer Zeit auf seltsam verschlungenen Pfaden das deutsche Recht angelangt, um Jahrhunderte bei ihm zu beharren und sich nur schwer von ihm zu lösen.

Woher stammt die Festigkeit dieser Irrlehre von einer möglichen Ehrverletzung durch dritte Hand? Wie erklärt sich, daß das Recht von früher und die Sitte von heute darin eins sind, dasselbe Unmögliche zu wollen, nämlich die Heilung einer ungeschlagenen Wunde, das Mögliche aber zu verkennen oder zu verachten oder auf denkbar verkehrtestem Irrpfade zu erstreben?

VIII. Das zu begreifen, bedarf es eines Blickes auf das Verletzungsmoment bei der Beleidigung, die ja auch heute noch allgemein als Ehrverletzung bezeichnet wird, und auf die möglichen Maßregeln, zu denen es drängt.

In allen ihren Arten stellt sich die Beleidigung

---

[1] Calderon, Der Maler seiner Schmach, 3. Aufzug, 1. Szene.

dar als Behandlung eines Menschen nach Maß nicht vorhandener Unehre, als falsche allgemeine oder beschränkte Ehrloserklärung. Der Beleidiger behandelt den Gegner wie ein Tier oder als ein Stück lebloser Natur, als entbehre er der Menschenwürde, oder aber abschätzig als einen Menschen, der Unehre auf sich geladen, als einen Befleckten. Er legt ihm fälschlich einzelne ehrenrührige Handlungen zur Last oder dichtet ihm Eigenschaften an, die mit der Annahme ehrenhaften Lebens in Widerspruch stehen.

Soll diese Handlung Delikt werden, so muß sie gegen den Willen laufen, der auf Ehre hält, und ihn nötigen die unehrenhafte Behandlung zu dulden. **Diese der Beleidigung einzig wesentliche Verletzung ist nicht Ehr-, sondern Willensverletzung**, und wenn einmal geschehen, ebensowenig wie jede andre Nötigung je wieder gut zu machen. **Deshalb fordert sie Strafe**, und für den Verleumder, der überlegt gehandelt hat, für den Rufmörder, neben Freiheits- obligatorische Ehrenstrafe. Es ist leider unverkennbar, daß das geltende Recht den Wert der Ehre und das Gewicht der Beleidigung ungebührlich unterschätzt. Seine Strafdrohungen werden der Bedeutung des Angriffs auf die Ehre nicht annähernd gerecht. Es gilt dies besonders von der Verleumdung, deren Begriff außerdem viel zu eng gefaßt ist. Wen stößt es nicht, wenn er erfährt, daß nach heutigem Reichsrechte der nicht Verleumder ist, der den größten Ehrenmann wissentlich falsch einen Schurken nennt, daß er nur verleumdet, wenn er ihm eine vielleicht ganz unbedeutende Unredlichkeit andichtet. Behauptet jene

Schelte des Lügners nicht ein weit höheres Maß von Unehre wie diese?

Gewiß: die Beleidigung kann das Gefühl des Betroffenen schwer kränken! Davon führt sie ja leider den Namen. Es ist bekannt, zu welch maßloser Ausdehnung des Beleidigungsbegriffs im Leben diese mögliche Wirkung geführt hat. Kann die Beleidigung Kränkung sein, so dreht die reizbare subjektive Empfindlichkeit den Satz um und stempelt alles, was ihr weh tut, und noch übertreibender alles was ihr nach dem Vorurteil der Genossen weh tun sollte, zur Beleidigung. Leider krankt auch unsere Rechtsprechung in hohem Maße unter dieser ungesunden Verfälschung der Begriffe von Ehre und Beleidigung. Ich sage Verfälschung: denn diese Gefühlskränkung ist nach der gesunden Auffassung des Rechts der Beleidigung ganz unwesentlich. Nicht der Sensitive allein, sondern ebenso der Gefühllose und der Gefühlsharte sind der Beleidigung zugänglich. Andrerseits kann ganz gleich große Gefühlsverletzung gerade so gut mögliche Wirkung andrer Verbrechen, eines Mordversuches, einer schändlichen Körperverletzung, eines besonders pietätlosen Diebstahls, der frivolen Zerstörung oder Besudelung eines kostbaren Andenkens sein. Solche Gemütsaffektionen als Nebenwirkungen des Verbrechens berücksichtigt ein verständiger Richter bei der Strafzumessung; er nimmt dabei mit gutem Grunde an, daß die gerechte Bestrafung des Missetäters — freilich auch nur sie! — die Gefühlswunde des Verletzten, falls sie nicht schon vorher vernarbt ist, zum Heilen bringen wird. Von Rechts- oder Sittenwegen ein besonderes Heil-

Rufer[ch]ütterung. Verleumdung.

verfahren für verletzte Gefühle, eine Art Gefühlsklinik einführen, ist mißlich, unsicher, unnötig und ridikül.

Gewiß: die Beleidigung kann außerdem in einer für den Verunglimpften höchst empfindlichen Weise seinen guten Ruf bei Dritten erschüttern. Der falsche Vorwurf der Schurkerei oder einer bestimmten Prellerei, dessen Unwahrheit sie nicht erkennen, bringt ihre bisher gewahrte Achtung gegen den Bescholtenen ins Wanken. Sie kehren ihm den Rücken, schließen ihn aus dem Klub, kündigen ihm den Kredit, versagen ihm die Wahlstimme, entlassen ihn aus dem Amte.

Mit dem guten Namen verliert er ein köstlich Gut — kein selbständiges Rechtsgut, denn wenn jener grundlos besteht, findet der Überachtete in diesem Besitz keinen Schutz, aber ein wertvolles Nebengut wahrer Ehre.

Dadurch, daß die Ehrverletzung auf Achtungserschütterung angelegt ist, verschärft sie ihren Deliktscharakter: **sie wird zugleich zur absichtlichen Rufgefährdung, und darin besteht das Wesen vor allem der Verleumdung**, die unser Recht, wie gesagt, zu eng, und **der leichtfertig übeln Nachrede**, die es leider sehr mißverständlich gefaßt hat.

In diesen Fällen rufgefährdender Beleidigung kann der Verleumdete das dringendste Bedürfnis haben, daß der Gefahr der Achtungserschütterung vorgebeugt, und wenn solche schon eingetreten, daß die wankend gewordene Achtung wieder befestigt werde. Dieser Akt ist ein **Akt der Vorbeugung oder der Beseitigung idealen Schadens**, schlechterdings kein Strafakt; **repariert wird aber nicht die Ehre, sondern nur der gute Name.**

Zu diesem Akt schlechthin untauglich ist der Verleumder, der verächtliche Lügner. Wie kann sein Widerruf den Glauben von Ehrenmännern bestimmen? Grade weil dieser Glaube erschüttert ist, erscheint auch das Wort des Verleumdeten selbst zur Wiederherstellung jener Achtung wenig tauglich. Aber vielleicht sein Schwert oder seine Pistole? Man sollte jedoch nie vergessen, daß es einen ehrlichen Kampf mit dem ehrlosen Ehrabschneider nicht geben kann. Selbst für diejenigen, die den Ehrenzweikampf verteidigen, müßte feststehen, daß grade der Verleumder als satisfaktionsunfähig zu behandeln wäre.

Der einzig taugliche zu jener Reparation ist der Richter. Er hat den Ehrenbestand des Beleidigten untersucht; er hat an ihm die Handlung des Angeklagten gemessen, dieselbe als widerrechtlich erkannt und die Schuld des Angeklagten klar gelegt; sein Strafurteil ist auf materielle Wahrheit begründet; dessen Veröffentlichung in den weitesten, jedenfalls in den interessierten Kreisen kann allein, wird aber auch genügende Reparation wirken.

Das hat die neuere Strafgesetzgebung auch eingesehen: sie kennt, wenn ich vom Geldersatz für vielleicht erlittenen Vermögensschaden absehe, für die Beleidigung lediglich Strafe, daneben als der Strafnatur zweifellos entbehrende Maßregel der Reparation erschütterten Rufes die Veröffentlichung des Strafurteils auf Kosten des Verletzten — freilich nicht entfernt in dem durch das Bedürfnis geforderten Umfang. An der Verkümmerung dieses Institutes durch die Praxis,

Ehrenerklärung. Widerruf. Abbitte. 33

welche die Maßregel der Reparation in eine solche der Strafe umgedeutet hat, trägt das Gesetz keine Schuld.

In Beleidigungsstrafe und Rufreparation durch Urteilsveröffentlichung erschöpfen sich die Maßregeln jedes an die Unverletzbarkeit der Ehre glaubenden Rechts.

IX. Ganz anders die Ausgestaltung des früheren deutschen Ehrenrechts! Sie zu betrachten ist um so fesselnder und lehrreicher, als die falschen Anschau= ungen, die es bis in dieses Jahrhundert beherrscht haben, in der heutigen Sitte lebendig geblieben sind — so daß der oben signalisierte Kampf zum großen Teile als Kampf der Ideen zweier Zeitalter erscheint.

Ich denke an die Rechtsbehelfe der **Ehren=
erklärung, des Widerrufs und der Abbitte**.
Sie sind ohne einen Blick auf ihre höchst merkwürdige Geschichte ganz unverständlich.

Hatte in altgermanischer Zeit jemand einen andern fälschlich eines schweren Verbrechens bezichtigt, etwa einer Handlung, die den Gescholtenen friedlos gemacht hätte, so drohte ihm selbst Friedlosigkeit. Diese furcht= bare Rechtsfolge aber konnte er abwenden und mit einer Geldbuße davonkommen, schwor er mit Eidhelfern, er habe nicht in der Überlegung sondern in der Über= eilung die Schelte gesprochen: er wisse vom Gescholtenen kein Verbrechen, vielmehr nichts anderes, als was ehrlich und schicklich sei. **Dies die schlecht sog. germanische Ehrenerklärung.** Sie geschah nicht im Interesse des Gescholtenen, sondern des Scheltenden. Dieser beweist zu seinen Gunsten eine

Einrede, einen Milderungsgrund. Sie war also ihrem Zweck nach keine Ehrenerklärung.

Abbitte und Widerruf aber sind dem germanischen Recht ganz fremd gewesen. Beide stammen aus der kirchlichen Lehre von der Buße. Den Sünder löste die Kirche von seiner Sünde nur nach Übernahme einer Genugtuung: satisfactio. Voraussetzung derselben war Ersatzleistung an den Verletzten, wenn möglich: die restitutio. Und nun stellten die großen Scholastiker des 12. und 13. Jahrhunderts eine neue fein ausgetüftelte Theorie auf: auch die fama sei verletzlich, also auch eine restitutio famae möglich und unerläßlich, und zwar durch Widerruf der Beleidigung an der Stelle, wo sie geschehen. Auch durch Abbitte konnte die satisfactio geleistet werden.

Man sieht klar: Widerruf und Abbitte dienen an erster Stelle zur Entsühnung des Beleidigers, an zweiter der Widerruf zur Reparation nicht der Ehre, sondern des guten Namens, die Abbitte zur Gefühls= besänftigung: beide aber nicht zur Strafe.

In den kirchlichen Gerichten gelangte dann in seltsamer Verschiebung der Interessen eine Klage des Beleidigten auf restitutio famae zur Anerkennung. Diese dringt samt jenen Anschauungen des Bußlebens und der Scholastik in das weltliche und zwar das bürgerliche nicht das peinliche Gerichtsverfahren ein, und verschmilzt daselbst mit den abgeblaßten Resten der germanischen Ehrenerklärung. Der fama aber, dem guten Rufe, wird hier zum großen Schaden der Sache die Ehre substituiert: sie

Ihre Wandlung.

erscheint durch Beleidigung verletzbar, durch Widerruf heilbar. Es dauert nicht lange, und die Opposition gegen diese Fälschung beginnt am Anfang des 16. Jahrhunderts. Die zivilistische Natur des Urteils auf Widerruf wird angefochten, da Ehre durch Beleidigung nicht verletzbar, also durch Widerruf nicht wiederherstellbar sei. Der Widerruf könne deshalb nicht als Maßregel der Reparation, sondern es müßte der Zwang zum Widerruf als Strafe gefaßt werden. Die gesetzliche Anerkennung der drei Rechtsbehelfe geschah oft anläßlich der Duellverbote. Der Gesetzgeber wiegte sich dann in der falschen Hoffnung, sie würden sich als taugliche Mittel erweisen, um die Quellen des vom Recht mißbilligten Ehrenzweikampfes zu verstopfen. Allmählich wanderten sie aus dem bürgerlichen in das Strafrecht, erst als Privat-, dann — zuerst bei Grolman — als sog. relativ-öffentliche Strafen.

Ein ursprünglicher Akt der Reue, den die Kirche in des Sünders Interesse von diesem fordert, wird zunächst im Interesse des Beleidigten zum Gegenstand eines Anspruchs auf Reparation erst des verletzten guten Namens, dann der Ehre, und endlich zur Strafe.

Diese Strafen aber verfielen rasch dem Kinderspott. Widerrief der Verurteilte in hartnäckiger Verstocktheit nicht, so erfolgte der Widerruf vor Gericht in Gegenwart beider Parteien durch den Gerichtsdiener oder gar den Scharfrichter. Vielleicht auch gab der Verurteilte die Ehrenerklärung in einem Tone ab, daß sich dem Geehrten das Herz im Leib umwandte.

Solche Strafen, auf des Sträflings freien Willen

gestellt, sind sinnlos, weil zweckwidrig, weil unerzwingbar. Das haben die neueren deutschen Strafgesetzbücher auch fast alle begriffen und diese ungesunden Blutstropfen aus unserem Strafkörper ausgestoßen.

Der tiefe Grund aber der Umwandlung jener Rechtsbehelfe aus Maßregeln zwecks Herstellung der verletzten Ehre nach Analogie des Schadenersatzes in Strafen liegt in dem allmählichen Sieg der Erkenntnis, daß die Ehre durch Beleidigung unverletzbar, also durch Widerruf, Abbitte und Ehrenerklärung unwiederherstellbar sei.

X. Auf den Boden dieser Wahrheit hat sich heut mit aller Entschiedenheit das Recht gestellt: sie muß aber auch der Leitstern werden für das ganze Ehrenleben der Zukunft. Fern sei es von mir, mich in sanguinischen Hoffnungen zu wiegen, als könnten eingewurzelte Anschauungen von heute auf morgen überwunden werden! Aber fest glaube ich an den endlichen Sieg erkannter Wahrheit auch über widerstrebende Sitten: komme er auch langsam, ausbleiben wird er nicht! War der Widerruf seinerzeit ein ohnmächtig Heilmittel gegen eingebildete Wunden, so liegt in der Erkenntnis seiner Ohnmacht wegen Unverletzbarkeit der Ehre wirkliche Heilkraft wider eine schwere nationale Krankheit: wider jene hysterische Reizbarkeit unseres Ehrgefühls, die so leicht auch unseren Verstand betört. Es hat der Staatsmann, gegen den unser Dank nie erblassen wird, das stolze Wort gesagt: „Die Deutschen fürchten Gott und sonst niemand!" Er hat dabei eins vergessen: des Deutschen ewige

Angst, seine Ehre könne ihm jeden Augenblick von jedem frivolen Gesellen geraubt werden, seine bebende Sorge, sie sei vielleicht schon durch das Naserümpfen oder das spöttische Wort eines Laffen in die Brüche gegangen. Wen diese Angst schütteln kann, der darbt der Gewißheit seines Wertes: ihm hat jene Wahrheit noch nicht die Seele gestählt. „Wie weiß er von der wahren Ehre wenig!" Denn wer diese kennt und hat, den macht sie fest und ruhig!

Selten hat ein Mann in seinem Leben so viele ungerechte Vorwürfe über sich ergehen lassen müssen, als der große Tote, der unser Reich gegründet hat und in ihm und in unseren Herzen lebendig geblieben ist. Er konnte seine Ehre nicht mit dem Schwert verteidigen, sie war also nach Auffassung der Ehrensitte wehrlos seinen Gegnern preisgegeben. Und doch hat König Wilhelm fast nie mehr Ehre geworben und nie mehr Mut bewiesen — auch im Granatenhagel auf den Schlachtfeldern nicht —, als in jenen bösen Zeiten seiner Ohnmacht gegen die Verleumdung. In dem Bewußtsein der Treue gegen seinen Beruf fand er den Mut, die Verachtung zu verachten, und die Kraft, den dornigen, steinigen Weg der Pflicht still bis ans Ende zu gehen. Daß seine Ehre durch fremde Schmähung Schaden leiden könnte, — von diesem Ungedanken hat sich das gesunde Selbstgefühl dieses Vorbilds der Bescheidenheit stets frei gehalten: gehobenen Hauptes schritt der geschmähte König zum Siege!

So hat er um seine Krone einen Ehrenkranz geschlungen, nicht minder leuchtend als die Krone selbst. Solchen Goldkranz hält die hehre Göttin aber nicht

nur für Kaiser und Könige, sondern für jeden, der
ihn verdient. Einer nach dem andern kommt, ihn ihr
zu nehmen, und stets glänzt ein neuer in ihrer Hand.
Wenn sie ihn aber lassen muß dem Edlen, dem Tüch=
tigen, dem Manne des Ruhms oder dem Namenlosen
im Arbeitskittel, der in der Verborgenheit hart ge=
rungen und den guten Kampf seiner Pflicht glorreich
gekämpft hat, dann geht es wie ein Lächeln des Glücks
über das ernste Antlitz: sie freut allein, wenn sie des
Kranzes beraubt wird. Nach solchem Kranze zu ringen
aus aller Kraft hört nie auf, Kommilitonen! Habt
Ihr ihn aber errungen, dann laßt die Sorge fahren:
der Göttin kann ihn jeder, Euch niemand rauben!

Der Zweikampf und das Gesetz.

Vortrag,

gehalten in der Gehestiftung zu Dresden,
2. Dezember 1905.

Zweite und dritte Auflage.

Hochansehnliche Versammlung!

Als ich vor Jahren zum ersten Male die Ehre hatte an dieser Stelle zu sprechen — wie dankbar war damals meine Aufgabe! Ich sprach über das neue deutsche Kaisertum. Unserer aller Herzen waren ihm gleichmäßig zugewandt: fast tausendjährige Wünsche hatten sich durch seine Gründung erfüllt, und es galt nur, die uns allen gleichwerte neue Erwerbung in staatsrechtlicher Konstruktion zu begreifen!

I. Heute ist mir gleiches Glück nicht beschieden! Vielmehr soll unser Blick haften auf Vorgängen unsres sozialen Lebens, welche die einen verdammen, die andern lobpreisen, auf Gesetzen, in sich voll Widerspruch, da sie beiden Anschauungen gleichzeitig Rechnung tragen wollen, endlich auf einer Erscheinung unseres Staatslebens, die Gott sei gedankt ganz einzig dasteht: einem offiziellen Zwange zur strafbaren Handlung, dem einzigen geradezu anarchistischen Zuge in dem ernsten Antlitze unseres Rechtsstaates!

Und in diesem Kampfe zwischen Empfindung und Empfindung, zwischen Leben und Recht, zwischen Gesetz und Verwaltung darf ich nicht Partei ergreifen und verfuchen durch die Mittel der Überredung Parteigänger zu werben, sondern auch diesen Konflikten gegenüber habe ich den beiden Berufen treu zu bleiben, denen mein Leben gewidmet ist: ich habe als Mann der Wissenschaft die Wahrheit und als Mann des Rechts die Gerechtigkeit zu suchen. Für diese beiden allerdings darf ich werben, will ich werben. Aber in gleicher Einmütigkeit wie damals werden wir heute nicht auseinandergehen!

II. In diesem Streite für und gegen den Zwei=kampf, der literarisch in falscher Allgemeinheit unter geflissentlicher Mißachtung der möglichen Einzel=gestaltungen geführt wird, sind nun von beiden Seiten soviele falsche Gründe ins Feld geführt worden, daß ich nicht wüßte, wo mit ihrer Widerlegung beginnen. Da ich aber über Zweikampf und Gesetz sprechen will, greife ich zwei heraus, weil sie gerade die Rolle des Gesetzes in diesem Kampf bald übertreiben, bald zu gering achten.

1. Wir leben in einer Zeit verhängnis=vollster Überschätzung von der Macht der Gesetzgebung — einem fatalen Erbe aus der Periode des Naturrechts!

Von dieser Überschätzung werden Sie mich frei finden. Fast will mir scheinen, an Bescheidenheit in dem Glauben an die Macht des Gesetzes, an Freiheit von Illusionen in diesem Punkt, stehe ich heutzutage unübertroffen da.

Und so bin ich auch frei von dem Irrtum, die richtige gesetzliche Behandlung des Zweikampfes, etwa

Überschätzung der Macht des Gesetzes.

in Verbindung mit der richtigen Behandlung der sog. Ehrbeleidigung, würde dem Zweikampf alsbald den Todesstoß geben. Leben und Leidenschaft bäumen sich auch gegen die gute Satzung; und **das Strafgesetz soll noch entdeckt werden, das nicht nur die Verbrecher, sondern auch das Verbrechen selbst überwunden hätte. Kann man doch scherzhaft sagen: das Strafgesetz lebe vom Verbrechen.**

Noch viel freier aber halte ich mich von dem Wahne, **das drakonisch strenge Duellgesetz werde den Zweikampf überwinden.** Die massenhaften deutschen Duell-Edikte und -Mandate des 17. und 18. Jahrhunderts haben es an Strenge nicht fehlen lassen und haben doch schlechterdings nicht vermocht, seiner Meister zu werden. Zweifellos sind es starke und bei vielen adligdenkenden Männern durchaus edle Empfindungen, welche sie trotz der Strafbarkeit des Duells an diesem festhalten lassen. Wir begingen schweres Unrecht gegen sie, wenn wir den Ernst und die Lauterkeit ihrer Gesinnung, ihre Sittlichkeit angreifen wollten. Sie stehen vielmehr in einem tragischen Konflikte.

Wenn aber so die sittliche Empfindung größerer Kreise sich im Widerstreit gegen das Strafgesetz bewegt, gibt es nur eine Alternative zur Lösung des stets beklagenswerten Konfliktes: entweder **die Aufhebung des Strafgesetzes oder die allmähliche Umstimmung jener Empfindung.** Gelingt letztere, so hört zwar das Verbrechen nicht auf: aber aus dem Kreise seiner Urheber schwinden die Elemente, die wir achten, und die unter den Widersachern des Gesetzes zu sehn uns gerade deshalb schmerzt.

2. So frei wie von Überschätzung, so frei muß man sich aber auch von Unterschätzung des Gesetzes gegenüber dem Zweikampfe halten.

Die kurzen Motive zu den Bestimmungen des Norddeutschen Strafgesetzbuches über den Zweikampf haben sich seinerzeit dahin geäußert[1]:

Die Sitte, oder wenn man lieber will, die Unsitte des Duells, hat sich noch immer stärker erwiesen, als das geschriebene Gesetz, und diesem bleibt somit nichts anderes übrig, als sich gut oder übel mit der Aufgabe abzufinden: seine Vorschriften über das Duell so einzurichten, daß sie einerseits mit den Geboten der Gerechtigkeit nicht in allzuschroffen Widerspruch treten, und andererseits dem Bedürfnisse des Lebens ein wenigstens annäherndes Genüge leisten.

Aber erklären, man sähe sich zum Erlaß von Gesetzen genötigt, die mit den Geboten der Gerechtigkeit in schroffem — wenn auch nicht in allzuschroffem — Widerspruche stünden, bedeutet eine Bankerott-Erklärung der gesetzgebenden Gewalt. Kein Gesetz darf die Gerechtigkeit verleugnen — schon um seiner selbst willen. Denn die Achtung der Gutgesinnten — das weitaus stärkste Fundament seiner Geltung! — geht dem Gesetze genau nach dem Maße seiner Ungerechtigkeit verloren!

Erachtet der Gesetzgeber die Empfindungen, die

---

[1] Bei Kortkampf, Berlin 1870, S. 70.

Begriff des Zweikampfes.

zum Zweikampfe treiben, für falsch — und das muß er, wenn er ihn bestraft, — dann hat er, wie er so oft schon mußte, einer falschen sittlichen Auffassung ohne Härte, aber ernst und fest entgegenzutreten und muß erwarten, daß das gerechte Gesetz zum Führer werde auch auf sittlichem Gebiete. Das ist dem guten Gesetze auf die Dauer immer gelungen. Und so kann auch das Gesetz in diesem Kampfe großen Nutzen stiften und uns voranführen: aber nur das gute!

III. Seitdem die Strafgesetzgebung sich mit dem Zweikampfe beschäftigt hat — seit dem Ende des 15. Jahrhunderts —, ist er ihr ein zwischen zwei Parteien, deren jede früher auch wohl aus mehreren Personen bestehen konnte, vereinbarter und nach bestimmten Kampfregeln durchgeführter Kampf mit tödlichen Waffen gewesen. Von Anfang an wurde er als Mittel zum Austrag von Ehrenhändeln betrachtet, auch in den Gesetzen deshalb häufig in Verbindung mit der Ehrbeleidigung behandelt. So auch im Sächsischen Duell-Mandat vom 15. April 1706. Durch schwere Bedrohung der Beleidigung in diesen Gesetzen sollte sein Gebiet eingedämmt werden. Doch fand die Ursache des Zweikampfes keineswegs immer Aufnahme unter seine wesentlichen Merkmale, und so erscheint es auch nach dem Deutschen Reichs-Strafgesetzbuch ganz gleichgültig, ob der Zweikampf wegen einer Beleidigung oder als Probe der Fechtgeschicklichkeit der Kämpfer oder aus sonstigem Grunde oder zu sonstigem Zwecke vereinbart worden ist.

46 Der Ehrenzweikampf nicht germanischen Ursprungs.

Dieser strafbare Privatzweikampf nun ist nicht deutschen Ursprungs — aus dem germanischen Zweikampf-Ordal nicht erwachsen. — Man hat wirklich ausgesprochen, diese Behauptung sei nur zu seiner Diskreditierung in die Welt gesetzt worden! Als ob die Romanen nicht auch des Trefflichen genug geschaffen hätten! Aber nach dem jetzigen Stande ernster Forschung können wir ihn in Kastilien schon 1480, in Neapel 1520, in Frankreich 1566, in Deutschland erst 1570 nachweisen. Das erste allgemeine Duellverbot — und zwar für die österreichischen Erblande — hat im Reiche wohl Kaiser Mathias 1617 erlassen. Dem entspricht durchaus, daß die französische Duellgesetzgebung des 17. Jahrhunderts auf die deutsche in der gleichen Zeit den stärksten Einfluß geübt hat.

Dieser Privatzweikampf ist in den Kreisen entstanden, für welche die Führung der Waffe Lebensberuf war, er ward zur Sitte besonders im Söldnerheer. Infolge der Berührung der Deutschen mit fremdem Kriegsvolke scheint er nach Deutschland vorgedrungen zu sein.

Ein ziemlich energischer Versuch, den 1668 das deutsche Reich gemacht hat, um ein gemeinrechtliches Gesetz gegen das „höchstschädliche Duellieren, Balgen und Kugelwechseln" zu Roß und zu Fuß zustande zu bringen, ist leider unmittelbar vor seinem Gelingen gescheitert. Das Gesetz ward nicht publiziert.

IV. Dieser Privatzweikampf nun hat — man kann sagen, von seiner Entstehung an — der Strafgesetzgebung schwere Not bereitet. Der ernste Zweikampf verlief ja, früher noch viel regelmäßiger als nach ein-

Der Zweikampf als strafgesetzgeberisches Problem. 47

geführter Benutzung der Schußwaffen, nicht unblutig. Die Kämpfer, oder einer derselben wurden bald leichter bald schwerer verwundet, bald getötet. Nicht selten sollte der Kampf solange fortgeführt werden, bis einer der Kämpfer auf dem Platz blieb.

Und an diesem Kampf-Drama mit oft so blutigem Ausgange beteiligten sich nicht nur die Kämpfer, sondern auch die Sekonden oder Sekundanten, die ihnen nicht selten an Strafbarkeit gleichgestellt wurden, und später auch andere Personen, der Unparteiische, die Zeugen, die Ärzte.

Die Hauptverschiedenheit in der Gesetzgebung — auf ihre Einzelheiten einzugehen würde mehr verwirren als klären — besteht nun darin: daß sie bald den Zweikampf selbst, abgesehen von den darin zugefügten Verletzungen, als eigenes Verbrechen anerkennt, bald einen solchen Tatbestand nicht aufstellt. Die ältesten uns bekannten Strafdrohungen gelten nicht sowohl dem Zweikampfe, als den Tötungen und Verwundungen im Zweikampf.

A. Wird nun ein besonderes Zweikampfverbrechen nicht anerkannt, so ist ein dreifaches möglich.

1. Es werden die Verletzungen im Duell den gewöhnlichen Strafgesetzen wider Tötung und Gesundheitsverletzung unterstellt. Das ist vielfach im älteren Rechte geschehen, das ist die heutige, freilich nicht ganz unbestrittene Rechtsanschauung in Frankreich.

2. Oder es werden, weil im vereinbarten Kampfe zugefügt, jene Tötungen und Ver-

letzungen für straflos erklärt. Diesen Stand=
punkt nahm die französische Praxis auf Grund des
über das Duell schweigenden Code pénal bis zum
Jahre 1837 ein.

3. Oder endlich man straft jene Ver=
letzungen, aber milder, weil sie im Duell
zugefügt worden sind. Ein Gesetz, das rein
auf diese durchaus mögliche Auffassung eintrifft, ist
mir aber nicht bekannt.

Die erste und fast ganz auch die dritte Auffassung
bieten den großen Vorzug, daß dann jeder Schuldige
individuell behandelt und genau nach dem Maße gerade
seiner Schuld bestraft werden kann.

B. Formuliert aber das Gesetz ein besonderes
Zweikampfverbrechen, so erhebt sich sofort die Frage
nach seinem Verhältnisse zu den aus dem Zweikampf
resultierenden Verletzungen. Und diese duldet wieder
eine vierfache Lösung.

Es ließe sich denken:

1. **daß das Zweikampfdelikt als reines
Ungehorsams= also Polizei=Delikt aufgefaßt
würde, und daß die Verletzungen im Zwei=
kampf entweder angesichts des Einverständ=
nisses der Kämpfer straflos blieben, oder
aber als selbstständige Delikte wider Leib
oder Leben mit dem Polizeidelikt des Zwei=
kampfes in Konkurrenz träten.**

Man kann aber auch

2. **den Zweikampf als Gefährdungs=
verbrechen gegen Leib oder Leben der
Kämpfer, somit als echtes Verbrechen fassen.**

Der Zweikampf und die Verletzungen im Zweikampf. 49

Ein Gesetzgeber, der dies tut, erklärt implicite das Einverständnis der Kämpfer für ohnmächtig, dieser Leibes- oder Lebensgefährdung den Stachel der Rechtswidrigkeit zu nehmen, wie sie dies denn auch in der Tat nicht vermag.

Schlägt die Gefährdung in die Verletzung um, so wäre wieder ein doppeltes möglich: entweder diese Verletzungen würden nach den gewöhnlichen Strafgesetzen geahndet und ihre Strafe konsumierte dann — aber nur für die daran Schuldigen — die Zweikampfstrafe, oder umgekehrt in letzterer wären zugleich die Strafen für die Verletzungen enthalten. Nur läge dann nahe, bei schwerer Verletzung diese Zweikampfstrafe zu schärfen.

In welchem Verhältnisse man aber auch die Verletzungen im Zweikampfe zu dem als selbständig anerkannten Zweikampfverbrechen sehen möge — jede Gesetzgebung, die solch Verbrechen anerkennt, steht vor einer großen Gefahr, der sie auch ganz regelmäßig unterliegt: das ist die Gefahr schablonenhafter Behandlung der Akteure im Kampfdrama. Da stehen einander wesentlich gleich die Träger der Hauptrollen, die Kämpfer als Täter; dann einander gleich die Sekundanten, die ja grundsätzlich unbedingt Gehilfen zum Zweikampfverbrechen sind; dann einander gleich Zeugen, Ärzte und Wundärzte. Was der Einzelne in diesem Drama kriminell wirklich verschuldet hat, danach wird nicht gefragt: die Grundlage jeden gerechten Urteils, die Individualisierung der Schuldfrage, wird ignoriert. Das Strafrecht verfällt rettungslos dem Formalismus, und dieser spottet immer der Gerechtigkeit.

V. Es ist Ihnen nun bekannt, daß unser deutsches Strafgesetzbuch ein selbständiges Zweikampfverbrechen aufstellt, und daß dieses besteht in dem aus irgend einem Grunde zwischen zwei Personen vereinbarten und durchgeführten Kampfe mit tödlichen Waffen.

Die Handlung ist zweifellos als Gefährdung von Leib und Leben der Kämpfer unter Strafe gezogen. Deshalb vollendet sich das Delikt erst, wenn wenigstens von der einen Seite die tödliche Waffe in der Absicht, mit ihr zu verletzen, gebraucht worden ist, also vielleicht erst mit dem Schusse des Gegners. Der Versuch ist straflos gelassen. Der Vollzug des Zweikampfes ohne Sekundanten kann mit geschärfter Strafe belegt werden.

Alle vorsätzlichen wie fahrlässigen Körperverletzungen des Gegners ebenso wie seine fahrlässige Tötung bilden lediglich Gründe der Zumessung bei Ausmaß der Duellstrafe; die Tötung im Duell — d. i. die vorsätzliche Tötung wie die vorsätzliche Körperverletzung mit tödlichem Ausgange — bildet dagegen einen Schärfungsgrund.

Außer dem Zweikampfe aber stehen, wie regelmäßig schon in den alten Duell-Mandaten, zwei Vorbereitungshandlungen desselben unter Strafe: die Herausforderung und die Annahme. Das

Der Zweikampf im deutschen Reichsstrafgesetzbuch. 51

Kartelltragen bildet eine Teilnahme an der Ausforderung, später eine Beihilfe zum Zweikampf selbst und steht unter Strafe, falls nicht der Kartellträger ernstlich bemüht war, den Zweikampf zu hindern.

Sekundanten, Zeugen und Ärzte bleiben mit Strafe verschont.

Für diese Delikte wird nur eine Strafart verwendet: die Festung. Sie beträgt für den Zweikampf selbst 3 Monate bis 5 Jahre, für den, der seinen Gegner im Zweikampfe tötet, Festung von 2 Jahren bis 15 Jahren, und wenn der Zweikampf den Tod eines der Kämpfer herbeiführen sollte, von 3 Jahren bis 15 Jahren.

Nur die absichtliche Anreizung zum Zweikampf mit einem Dritten steht unter Gefängnis von 3 Monaten bis 5 Jahren, falls der Zweikampf stattgefunden hat.

Das sind im wesentlichen die Satzungen, auf welche sich die früher schon angeführten resignierten Worte der Motive beziehen.

Der Zweikampf, die Forderung und ihre Annahme sind nach heutigem Rechte keine Standesdelikte: jeder Mann kann sie begehen, ja auch die Frauen sind ihrer fähig. Die im Str.-G.-B. gedrohten Strafen gelten auch den Duellen der Militär-Personen. Das Mil.-Str.-G. § 112 stellt nur die Herausforderung eines Vorgesetzten aus dienstlicher Veranlassung, ihre Annahme und den Vollzug eines solchen Zweikampfes unter schwer geschärfte Strafe, nämlich unter Freiheitsstrafe, d. i. Festung,

Gefängnis oder Zuchthaus, von 5—15 Jahren. Daneben muß auf Dienstentlassung erkannt werden.

Läßt man diese Ausnahmesatzung einmal beiseite, so fällt zunächst der schwer begreifliche Mißgriff auf, daß das Str.-G.-B., mag der Handel auch noch so unsauber sein, als alleinige Freiheitsstrafe für alle bei ihm strafbar Beteiligten die custodia honesta der Festung verwendet.

Vergleicht man dann die Maximal-Strafen des Gesetzbuches für vorsätzliche Tötung und vorsätzliche schwere Körperverletzung mit der Maximalstrafe für Tötung und schwere Körperverletzung im Zweikampf, und rechnet man, wie dies zu diesem Zwecke nötig ist, nach der gesetzlichen Gleichung des Str.-G.-B. § 21 (18 Monate Festung = 12 Monate Gefängnis = 8 Monate Zuchthaus) die Festung in Gefängnis und dieses in Zuchthausstrafe um, so zeigt sich:

1. an Stelle der Todesstrafe für den Mord und der 15 jährigen Zuchthausstrafe für den Totschlag tritt für die Tötung im Zweikampf Festung von 15 Jahren = 10 Jahren Gefängnis = 6 Jahren und 8 Monaten Zuchthaus;

2. an Stelle von 5 Jahren Zuchthaus für die schwere und von 10 Jahren Zuchthaus für die als schwere beabsichtigte Körperverletzung tritt die Strafe des vollendeten Zweikampfes in der Höhe von 5 Jahren Festung = 3 Jahre 4 Monate Gefängnis = 2 Jahre 2 Monate und 20 Tage Zuchthaus.

Es sind dies Strafmilderungen allergewichtigster Art, und mit der Strafmilderung ist immer noch die sonderbare Ehrenerklärung des Staates an den Delin-

Die Gründe ihrer Milde.

quenten verbunden, als welche sich die Verhängung der Festungsstrafe stets darstellt.

VI. Fragt man nach den Gründen dieser Milderung, so liegt weitaus am nächsten der Hinweis auf die Zufügung der Verletzungen in einem geordneten Verfahren, mit dessen Vornahme der Getötete oder Verwundete sich selbst einverstanden erklärt hat. Liegt auch nicht entfernt eine direkte Einwilligung in die Verletzung vor und noch viel weniger ein ausdrückliches Verlangen derselben, so unterwerfen sich ja in der Tat beide Kämpfer auch den unglücklichen Chancen des Kampfes, sofern nur die Kampfregeln gewahrt bleiben. Der Milderungsgrund bestünde also juristisch präzis ausgedrückt in der in eventum erklärten Einwilligung des Verletzten in die Verletzung.

Allein dieser Rechtfertigungsversuch ex mente legis versagt vollständig. Denn nicht einmal die direkte Einwilligung in die Tötung schließt nach dem G.=B. § 211 und 212 die Todesstrafe des Mordes und die ordentliche Totschlagsstrafe aus. Und wenn zwei Schmiedegesellen sich nach genau verabredeter Regel mit Schmiedehämmern duellieren und der eine erschlägt den andern, so fehlt weder der geordnete Kampf, noch die eventuelle Einwilligung und doch wird nicht die Zweikampf= sondern die Mord= oder Todschlagsklage gegen sie erhoben: denn sie haben sich nicht mit „tödlichen Waffen" geschlagen.

VII. Dann bleibt aber zur Erklärung jener Milderung nur die Annahme übrig, der Gesetzgeber finde den Grund der starken Privilegierung in der relativen Berechtigung der Motive, welche

34 Der Glaube an die Notwendigkeit des Zweikampfes.

den fordernden zur Forderung, den Annehmenden zur Annahme und beide zum Kampfvollzug bewogen hätten. Gerade der Anständigkeit und Ehrenhaftigkeit dieser Motive will er ja durch ausschließliche Verwendung der custodia honesta Rechnung tragen!

Und so führt uns die Frage nach dem unsre milde Duellgesetzgebung rechtfertigenden Grunde in den Mittelpunkt des ganzen Streites. Sie stellt uns vor die Prüfung der Anschauungen, welche in ehrliebenden Kreisen unseres Volkes die Überzeugung von der Löblichkeit und Unentbehrlichkeit des Duelles bewirkt und erhalten haben. Gerne konstatiere ich, daß diese Kreise im großen und ganzen die Berechtigung der Duellstrafe nicht leugnen: ihre Achtung vor dem Gesetze geht zwar nicht soweit es zu befolgen, aber sie unterwerfen sich willig der sanctio legis. Freilich ist diese im ganzen milde, und oft winkt auch die Gnade!

Es empfiehlt sich nun jene Anschauungen an der Hand von Fällen zu prüfen, die von den achtbarsten Anhängern des Duells als den Zweikampf fordernde und rechtfertigende anerkannt werden. Ich komme auf weniger triftige und auf die wirklich häßlichen Fälle später zu sprechen, möchte aber im Interesse der Konzentration unserer Betrachtung bitten, mich auf die ernsten Zweikämpfe mit ernstem Ausgange beschränken zu dürfen. Insbesondere lasse ich die Schlägerduelle unserer Studenten, sofern sie unter den nötigen Schutzmaßregeln gegen tödlichen oder schweren gesundheitsverletzenden Erfolg durchgeführt werden, beiseite. Sie sind keine Zweikämpfe mit tödlichen Waffen, de

Die zwei angeblichen Zwecke des Zweikampfes. 55

lege lata straflos, von der Praxis nicht nur nach meinem Erachten zu Unrecht unter das Gesetz gezogen.

A. Wir denken uns einen Ehrenmann — Offizier oder Nicht-Offizier — schamlos verleumdet von einem sog. Satisfaktionsfähigen oder gar von einem solchen heimtückisch geschlagen; wir denken uns einen edlen Vater, der seine Tochter innig liebt und sie von einem dämonischen Schurken verführt sieht. Die Schuld liegt in allen drei Fällen ganz auf einer Seite. Ich möchte auch noch bitten, das Mädchen als möglichst schuldlos zu betrachten: echte Liebe mag sich in einem großen Opfer gefallen haben.

Die drei Fälle unterscheiden sich dadurch, daß Schlag und Verleumdung strafbar sind, jene Verführung des Mädchens aber, sofern es das 16. Lebensjahr überschritten hat, nicht. Sie weisen klar auf die beiden Zwecke hin, denen das relativ bestbegründete Duell heute dienen soll.

Wiederherstellung einer verletzten Ehre heißt der eine, Bestrafung der andere. Sie können sich miteinander verbinden, fließen wohl auch in ungeklärter Empfindung ineinander über. Zur Erreichung beider Zwecke soll der Kampf entweder das einzig taugliche oder wenigstens das beste Mittel sein, und dieser Kampf ist — wie man zu sagen pflegt — ein ehrenhafter zwischen zwei satisfaktionsfähigen Personen. Gerade daß es in etwa der Hälfte der Fälle absolut untauglich ist, das Ziel zu erreichen, weil der Beleidigte fällt und nicht der Schuldige, — gerade diese seine hälftige Unzweckmäßigkeit beweist die Ehrenhaftigkeit des Mittels.

Der Ehrenzweikampf.

1. Wenden wir unseren Blick zunächst dem sog. Ehrenzweikampf im Gegensatze zum Strafzweikampf zu und messen ihn als Mittel an seinem Zwecke, so stoßen wir auf Vorstellungen, von denen bei wissenschaftlicher Prüfung die eine sich als gerade so unhaltbar herausstellt als die zweite und die dritte, die deshalb zur Grundlage richtiger Empfindungen nicht werden können. Diese Vorstellungen sind um so schwerer richtig zu stellen und zu überwinden, als sie sich zu Glaubenssätzen verdichtet haben. Eine eigenartige Duellmystik hat sich herausgebildet, und die Hartnäckigkeit aller Mystik gegen alle Gründe der Vernunft ist ja notorisch!

a) Die unheilvollste von ihnen, auf unserem ganzen Volke schwer lastend, ist die von der Verletzbarkeit der Ehre durch dritte Hand. Was würde unser so stark an Befangenheit leidendes Volk an innerer Ruhe und Festigkeit, was würde der Einzelne an Glücksgefühl und Stolz gewinnen, wenn ihn erst die Überzeugung durchdränge, daß sein Ehrenschatz für Diebe ganz unangreifbar ist! Er allein kann ihn mindern, er allein ihn mehren: seinem wahren Wert aber kann kein Dritter Abbruch tun, auch der Staat nicht und das Gericht nicht, — nicht einmal, wenn es ihm die sog. bürgerlichen Ehrenrechte aberkennt. Alleiniger Herr seiner Ehre sein heißt aber, zu einem großen Teile auch Herr seines eigenen Schicksals sein. Seine Ehre stets in fremder Hand wissen, bedeutet ständige Abhängigkeit eines jeden von allen andern, ganz besonders von den Schlechten und Mißgünstigen.

Keine Ehrverletzung durch dritte Hand. 57

Definiere man die Ehre, wie man wolle, scheidet man sie nur, was unbedingt notwendig, **von dem guten Namen**, dessen ja jeder Schurke genießen und der dem Ehrenmanne fehlen kann: **stets ist sie ein höchst individueller Menschenwert, dessen Größe allein ihr Träger zu bestimmen vermag.**

Ehre ist der Wert, der einem Menschen als solchem und kraft des Maßes der Erfüllung seiner sittlichen und rechtlichen Pflichten zukommt. Ein Dritter kann sie mir absprechen, ihren Umfang verkennen oder verleugnen: aber das wäre eine jämmerliche Ehre, eine Ehre, die mir gestohlen werden dürfte, wenn sie mir gestohlen werden könnte!

Dieser ewige Argwohn, daß es jemand auf unsere Ehre abgesehen hätte, diese Angst, daß über Nacht ein Gauch mit ihr durchgehen könnte, sie sind für den Völker=Psychologen kein Zeichen der Stärke eines Volkes, sondern der Überreiztheit: er muß darin etwas Ungesundes, eine Schwäche des individuellen Selbstgefühls erblicken.

Was man Ehrverletzung nennt, ist auch in Wahrheit Ehrverletzung, d. h. Ehren=Minderung — aber nie für den Beleidigten, stets nur für den Beleidiger. Mit unfehlbarer Sicherheit schlägt der Angriff auf den Angreifer und dessen „Ehre" zurück.

Aber, wird man sagen, kann uns die Ehre nicht genommen werden, so doch der gute Name, die Achtung der Mitmenschen. Und um ihn und sie kämpfen wir.

Ob diese Achtung gerade durch den Kampf erhalten oder wieder gewonnen werden kann, soll später geprüft werden. Im Übrigen läuft hier eine Selbsttäuschung unter. Die Wunde, die brennt, und deren Schmerz durch den Kampf gelöscht werden soll, ist wirklich eine Wunde im Ehrgefühl: denn auch die Beleidigung, die den guten Ruf ganz unberührt läßt, ein brutales, von jedermann mißbilligtes Schimpfwort oder eine ganz insgeheim verübte Beschimpfung, die nie bekannt werden wird, führen zum Kampf.

b) **Bleibt aber die Ehre des Beleidigten ganz unversehrt, so bedarf sie keiner Wiederherstellung:** denn sie ist solcher unfähig. Wohl kann jedoch der Beleidigte das Bedürfnis nach Genugtuung empfinden: diese darf er sich im Rechtsstaate nicht selbst holen; die gewährt ihm der Staat durch Bestrafung des Beleidigers und durch die Gestattung, das Strafurteil bekannt zu machen. Solche Reaktionen mag er dann beantragen!

c) Treten wir aber wirklich einmal auf die ganz falsche Vorstellung ein, der Beleidigte sei an seinem Ehrenkapital geschädigt — kann der Kampf mit tödlichen Waffen wirklich zur Beseitigung dieses Schadens dienen? Mit andern Worten: hat er ehrerzeugende Kraft?

Es wird dies ja vielfach angenommen — offenbar aus der Vorstellung heraus, eine Tat lebensverachtenden Mutes beweise für die intakte Ehrenhaftigkeit ihres Urhebers.

Gewiß ist der Mut ein köstlich Ding: die Ruhe gegenüber der Gefahr, vielleicht die Freude an ihr, das

Aufgebot von Energie im Denken und Handeln um sie zu bestehen! Ich will heute nicht untersuchen, wie weit der Mangel an Mut — und das ist etwas anderes als Feigheit! — einen Ehrendefekt darstellt, — eine Frage, die meist viel zu allgemein beantwortet und zwar bejaht wird: ich stelle nur fest, daß der Mut Ehre zu erweisen nicht vermag. Es hat in der Weltgeschichte mutvolle Schurken in Masse gegeben, ich erinnere nur an Richard III. und wer die Verbrecherwelt kennt, weiß, mit welcher alle Gefahr verhöhnenden Verwegenheit die abscheulichsten, ehrlosesten Anschläge vielfach zur Durchführung gelangen. Eine Tat des Mutes beweist als solche stets nur Mut — nie Ehre. Nur im Dienste eines guten Zweckes ist sie zugleich Tat der Ehre.

Und hier möchte ich auf einen Punkt hinweisen, der meines Erachtens zu oft übersehen wird. Die gleiche Mutprobe wie der Beleidigte besteht ja im Zweikampfe auch der Beleidiger. Hört aber der Verleumder auf ein elender Schurke zu sein dadurch, daß er sich schlägt? Macht der Mut den, der das Lebensglück eines unschuldigen Mädchens durch Verführung rettungslos zerstört hat, zu einem Ehrenmanne? Sie verlassen den Kampfplatz gerade so ehrlos, wie sie ihn betreten haben.

Daß solch ein Kampf ein Kampf unter Ehrenmännern sei, ist strikt zu leugnen. Nur der eine ist ein Ehrenmann, der andere das Gegenteil. Ich habe immer schwer begriffen, daß in den Kreisen der Anhänger des Zweikampfes diese Ehrendistanz nicht viel tiefer empfunden wird. Eine geradezu krankhafte Verblendung! Auch in ihren Augen sollte — so fühle ich wenigstens — derjenige, der sich gegen einen anderen schwer vergeht, nach dem Maße seiner Schuld die sog. Satisfaktionsfähigkeit verlieren. Der Verleumder beispielsweise ist ein Schuft, mit dem ein Ehrenmann sich nie schlagen dürfte.

d) Ist so der Kampf heute ein gerade so ungeeignetes Beweismittel für etwas anderes als den Mut der Kämpfer wie früher, so führt er ja oft geradezu zum Triumph des Unrechts. Der Unschuldige fällt, der Schuldige siegt. Dem verführten Kinde wird auch noch der Vater weggeschossen, der abscheulich Verleumdete büßt die Frechheit des Gegners mit seinem Leben. Durch solchen Kampf wird nicht nur nichts erreicht, sondern unsagbares Übel in die Welt gebracht. Wem die Gerechtigkeit das größte Bedürfnis ist, dem dreht sich bei so grausamer Unvernunft das Herz um.

So hält von allen den Vorstellungen, auf denen die angebliche Notwendigkeit des Ehrenzweikampfes beruht keine einzige bei wissenschaftlicher Untersuchung Stich: sie sind reine Irrtümer und lösen falsche Empfindungen aus.

2. Betrachten wir nun die Fälle des Zweikampfes, den ich oben als **Strafzweikampf** bezeichnet habe. Der Urheber grober, vielleicht kaum erträglicher Ungebühr, die das Gesetz aber nicht straft, soll durch ihn zur Rechenschaft gezogen werden.

a) Es ist Ihnen allen bekannt, daß auch der Ehrenzweikampf vielfach aus diesem Zwecke mit gerechtfertigt werden soll. Das Gesetz strafe zwar die Beleidigung — aber ganz ungenügend. Dieser Vorwurf

Der Strafzweikampf.

trifft vollständig zu. Die geringe Wertung, die dem so unschätzbaren Gute der Ehre in unserem Strafrechte zu teil wird, ist ebenso häßlich und ungerecht, als unbegreiflich. Insbesondere muß für den Verleumder auf Zuchthaus erkannt werden können, und der Verlust der Ehrenrechte gegen ihn sollte obligatorisch sein.

Allein die Unvollkommenheit unserer Gesetze haben wir alle geduldig zu tragen, sie durch Eigenmacht korrigieren zu wollen, hieße das Übel nur vergrößern. Die Rechtsordnung will ihr eigener Arzt sein und bleiben. Und so versagt auch dieser Versuch der Rechtfertigung des Ehrenzweikampfes.

b) Kehren wir nun zur Forderung des Verführers der Tochter durch den Vater zurück. Das Gesetz kann ihm in diesem Falle leider nicht helfen. Wann sich das erwachsene Mädchen am Geschlechtsleben beteiligen will, das muß ihm zu bestimmen überlassen bleiben. Aber durchaus begreiflich ist des Vaters Genugtuungsbedürfnis: die furchtbare Gemütserschütterung ringt nach einer wenigstens etwas erlösenden Handlung. Nicht einen Augenblick stehe ich an, diese Fälle des Zweikampfes für die vom Standpunkte des schwer Gekränkten aus relativ berechtigsten zu erklären.

Und doch vermag ich nicht sie zu billigen! Ich empfinde hier zunächst einmal wieder so, daß der so tief gekränkte Vater dem Schurken die Ehre, ihn als ebenbürtigen Gegner „im ehrlichen Zweikampfe" zu behandeln, schlechterdings nicht erweisen dürfte. Wieder ist die Ehrendistanz zu groß: zu tief steht der Eine unter dem Andern!

Und dann gehört das Leben des Vaters jetzt mehr als je seiner Frau und seinem Kinde!

Wenn er aber, unfähig die Last und den Schmerz tatlos zu tragen, im Affekte den Schurken züchtigt, ihn vielleicht — nicht aus dem Hinterhalt, sondern ihm offen gegenüber tretend — niederschießt, so werden deutsche Richter seiner gerechten Empfindung Rechnung tragen, ihn freisprechen bei höchstem Affekt, der die Zurechnung aufhebt, und ihn gering strafen, falls seine Erregung jenen allerhöchsten Grad nicht erreicht hat. Moralisch muß es eine Strafe für jenen Buben geben: dies Bedürfnis auf dem Gebiete ihres Nachbar-Reichs darf die Rechtsordnung nicht ignorieren. Kommt es nun doch zu einer strafbaren Handlung — und auch die Tötung im Duell würde ja gestraft —, dann scheint mir auch in den Augen des Juristen die einseitige Züchtigung für das Rechtsleben das entschieden kleinere Übel zu sein. Dem elenden Verführer sollen aber unter gar keinen Umständen außer der Tochter auch noch der Vater und alle Angehörigen zum Opfer fallen!

VIII. Ich habe bisher die Frage des Zweikampfs lediglich bezüglich derjenigen besprochen, die sich über Forderung, Annahme der Forderung und Vollzugs des Zweikampfs frei entscheiden dürfen.

Gebunden aber durch Standesanschauungen und Standespflichten sehen wir den Stand unserer Offiziere.

In der so schönen Verordnung unsres unvergeßlichen Kaisers Wilhelm über die Ehrengerichte der Offiziere im preußischen Heere vom 2. Mai 1874 ist in der Einleitung sehr unmißverständlich gesagt:

Der Notstand der Offiziere.

„Denn einen Offizier, welcher imstande ist, die Ehre eines Kameraden in frevelhafter Weise zu verletzen, werde ich ebensowenig in meinem Heere dulden, wie einen Offizier, der seine Ehre nicht zu wahren weiß."

Es ist heute nicht meines Amtes zu untersuchen, unter welchen Voraussetzungen sich der deutsche Offizier dem Zweikampfe sei's als Forderner, sei's als Geforderter, nicht entziehen darf. Es genügt ein doppeltes zu konstatieren: den Notstand, daß er sich eventuell schlagen muß, wenn er nicht die Entlassung aus dem Heere zu gewärtigen hat, und die R e c h t s f o l g e, daß die Erfüllung seiner Amtspflicht seinen Zweikampf nicht straflos macht.

Nun gilt natürlich der Satz von der Unverletzbarkeit der Ehre durch dritte Hand von der Ehre des Offiziers wie von jeder anderen.

Auch ist unser von echtem Ehrgefühl erfülltes Offizierskorps weit entfernt von der früher vielfach in den Kreisen der Söldner-Soldateska gehegten Anschauung, in dem Mute allein bestehe die Standesehre des Soldaten. Unsere Offiziere wissen ganz genau, daß der Mut als solcher nicht Ehre beweist. Nur geht der Mangel an Mut dem Offizier wirklich an die Ehre. Und so beweist der mutige Kampf, daß dieser Ehrendefekt wenigstens bei dem Kämpfer nicht vorhanden ist. Über diese Grenze hinaus kann der Mut auch beim Offizier den Ehrbeweis nicht erbringen, innerhalb dieser Grenze vermag der Kampf nur den Mut zu beweisen. Wenn aber ein Offizier, der Stimme seines Gewissens getreu, den Zweikampf verwirft und, sein Los klar vor Augen, ihn ablehnt, so beweist seine Weigerung mindestens soviel moralischen Mut, als sein Betreten des Kampfplatzes physischen Mut bewiesen hätte. Daß die Ablehnung des Zweikampfes die Feigheit des Ablehnenden bewiese, ist auch für den Kreis der Offiziere eine Unwahrheit.

So fehlt auch dem Ehrenzweikampf des Offiziers die rechtfertigende Grundlage und damit seine Existenzberechtigung.

Man könnte aber gerade für ihn einen Sondergrund geltend machen: man könnte sagen, wir brauchen den Zweikampf im Heere als Schule des Mutes und dafür, den Offizier an den Gedanken zu gewöhnen, daß er von Minute zu Minute in die Lage kommen könne, sein Leben in die Schanze zu schlagen.

Ich bin weit entfernt, die erziehliche Kraft dieses Gedankens zu leugnen oder zu unterschätzen. Hält aber ein Staat an der Notwendigkeit fest, daß der Offizier das Damoklesschwert der Lebensgefahr stets über seinem Haupte fühlen und daß er deshalb jederzeit die Notwendigkeit eines Zweikampfs gewärtigen müsse, dann ziehe er ehrlich die Konsequenz und erkläre: **der Offizier ist frei von aller Verantwortung für den Zweikampf und alle seine Folgen, wenn er — will ich einmal sagen — nach dem Spruche des Ehrenrates sich dem Zweikampfe nicht entziehen durfte.**

Eine solche Ausnahme vom Strafgesetz wirkte nicht günstig; sie wäre aber zu ertragen. **Unerträglich ist nur die Anerkennung einer Standespflicht der Offiziere zur Vornahme strafbarer Handlungen.** Erfüllen sie ihre Pflicht, so

Der Notstand d. Offiziere gesetzl. unbedingt zu beseitigen. 65

haben sie unverantwortlich zu bleiben. Wird dies nicht anerkannt, so führt dies zu einer Ungerechtigkeit nach der andern: der standespflichttreue Offizier wird angeklagt, das Gericht muß ihn verurteilen, er muß für Pflichterfüllung Strafe dulden; damit aber nicht genug: auch die Gnaden=Instanz wird in bedenklichster Weise der Gefahr der Diskreditierung ausgesetzt, denn sie soll nun die Ausnahme vom Gesetz, die der Gesetzgeber zu machen unterließ, dem Gesetze zum Trotz zur Geltung bringen.

Die so hohe und edle Aufgabe der Gnade im Rechtsleben besteht aber darin, dem Gesetze zu gerechter Anwendung zu verhelfen, nicht darin, es zu bekämpfen. Drängen wir sie nicht in die falsche Bahn!

So bedarf das geltende Recht in diesem Punkte unbedingt der Reform: denn es ist geltendes Unrecht. Der Staat erkennt eine Standespflicht zur Verletzung des eigenen Gesetzes an!

Ich will nicht verhehlen: ich wünsche die Reform nach der entgegengesetzten Richtung und ich halte sie unserer Zeit allein würdig.

Unser Heer ist unser Volk in Waffen. In alle Berufsstände verzweigt sich unser Offiziersstand. Unbedingt richtig ist die Forderung, daß in der Behandlung des Ehrenpunktes zwischen dem Reserveoffizier und dem Berufsoffizier ein Unterschied nicht gemacht werden dürfe. Auch der Reserveoffizier unterliegt also heute in bestimmtem Umfange dem Duellzwang. Auch er müßte dann in diesem Umfange vom Strafgesetz eximiert werden.

Freilich nur, wenn es nötig ist, den Zweikampf als Mittel der Erziehung zum Mute und zur Lebensverachtung beizuhalten! Diese Notwendigkeit aber halte ich für unerwiesen und unerweisbar. Unser Volk ist kein Volk von Memmen, unsre Soldaten — Offiziere wie Gemeine — sind ehrliebend und pflichttreu; sie wissen, daß im Moment der Gefahr ihr Vaterland Mut bis zum Tode von ihnen verlangt: sie werden auch ohne Zweikampf nicht versagen. Würden sie es, dann wären wir mit wie ohne Zweikampf verloren! Der englische Offizier, der japanische Offizier — sie kennen den Zweikampf nicht: Mangel an Mut aber und Bedenken im Moment der Gefahr ruhig das Leben in die Schanze zu schlagen — dies kann ihnen niemand nachsagen. Und unsre Leute vom Iltis, die — allerdings ihren Führer voran — mit einem Hurra für den Kaiser sehenden Auges dem Tode in den offenen Rachen sprangen, die hatten zum größten Teile nicht unter dem Banne der ewigen Zweikampfnotwendigkeit gestanden und wußten doch als Helden zu sterben!

So halte ich den Zweikampf als militärisches Schulungsmittel für entbehrlich und würde auch in seiner Abschaffung im Heere einen großen Fortschritt erblicken. Gerade unserem trefflichen Offizierkorps möchte ich gönnen, daß die Wahrheit von der Unverletzbarkeit der Ehre durch dritte Hand auch in ihm Gemeingut würde!

Die Abnahme seiner Reizbarkeit im Ehrenpunkte würde wahrlich keine Schwächung, sondern eine Stärkung seiner Ehre bedeuten, und die Einheitlichkeit des sittlichen Bewußtseins in unserem Volke würde dadurch in wohltätigster Weise gewinnen.

Viel ersprießlicher als der Zweikampf könnten in militärischen wie nicht militärischen Kreisen Ehren=

Die Verkehrtheit d. custodia honesta für alle Zweikämpfe.

gerichte den größten Teil der heutigen Zweikampfs=
konflikte zum Austrage bringen! Aber dem so inter=
essanten Probleme des Ehrengerichtes darf ich heute
nicht näher treten.

IX. Mit gutem Grunde hat unser Blick bisher
allein bei solchen Fällen des Zweikampfes verweilt, die
ernstestem Anlasse entsprungen, die relativ größte innere
Berechtigung aufweisen. Und doch konnte eine wirk=
liche Berechtigung dazu nicht anerkannt werden. Aber
je weniger ernst der Anlaß ist, und je mehr beide Teile
gleiche Schuld tragen, um so verwerflicher wird er:
er kann zum frivolsten Kampf ums Leben aus nichtigsten
oder auf beiden Seiten gleich schlechten Gründen werden.
Dieser Entartung weiter nachzugehen, fehlt mir hier
der Grund.

Nur darauf möchte ich hinweisen: den Teilnehmern
an solchen entarteten Zweikämpfen hat der Staat in
seiner Strafdrohung nicht auch noch Reverenz zu er=
weisen. In der ausschließlichen Verwendung der
Festungsstrafe für alle Zweikämpfer liegt eine praesumtio
juris et de jure für die Ehrenhaftigkeit von ihnen
allen: und diese umgekehrte praesumtio doli entbehrt
ebenso aller Berechtigung wie die Vermutung des
Dolus selbst.

X. Diese Bemerkung aber leitet zur letzten größeren
Aufgabe, die mir noch geblieben ist: ich habe bisher
den Zweikampf gerade so typisch, so formalistisch —
darf ich sagen so unpersönlich — behandelt wie das
Gesetz: als Vorgang, bei welchem von beiden Seiten
tödliche Waffen zum verabredeten Kampfe gebraucht
werden.

Sehen wir doch jetzt einmal genauer das Bild an, das im Einzelfall in diesen bloßen Rahmen eingezeichnet wird! Und in demselben Augenblick löst sich die Einheit der Schablone in eine Fülle handelnder Menschen auf, die mit den verschiedensten Intentionen in diesem Kampfe ihre Rolle spielen, und die allein nach dem Maße dessen, was sie gewollt und getan haben, beurteilt werden wollen und beurteilt werden dürfen.

Da steht der eine der Kämpfer dem andern haßerfüllt nach dem Leben oder ist bestrebt, ihm eine schwere Körperverletzung beizubringen, während der Gegner jeder Verletzungsabsicht ermangelt. Er legt sich vielleicht beim Säbel-Duell lediglich auf die Verteidigung. Dabei kann es ihm begegnen, seinen Widerpart wider Willen zu treffen und zu töten, oder um einen gefährlichen Hieb abzuwehren, — also in Notwehr-Absicht — sieht er sich genötigt zum Vorhieb.

Und von den Sekundanten gibt sich vielleicht der eine die größte Mühe, den unblutigen Verlauf des Kampfes zu sichern, während der andere den Kämpfer, dem er zur Seite steht, die besten Ratschläge erteilt, um den Gegner tödlich zu treffen.

So läßt sich im tödlich verlaufenen Duell die Tötung denken als vorsätzlich und zwar ebenso als mit wie als ohne Überlegung begangen oder als fahrlässig oder als zufällig oder als in Notwehr verübt, und zu der vorsätzlichen Tötung kann der Sekundant rechtswidrig beigeholfen oder ihr entgegengewirkt haben.

Nun versteht sich, daß auf der Wage des Strafrechts die Tötung, die schwere Körperverletzung im

Gerechte Behandlung nach individueller Verschuldung.

Zweikampf unendlich viel schwerer wiegen als der Zweikampf selbst. Es ist gesetzgeberisch gründlich verfehlt, die Strafe dieser schweren Verletzungen in der Zweikampfstrafe selbst aufgehen zu lassen: sie müssen vielmehr als das, was sie sind, zur Verantwortung gezogen werden.

Vielleicht aber wird man erschreckt einwenden, es sei doch ein schweres Unrecht, diese Verletzungen den gewöhnlichen Strafgesetzen wider Tötung und Körperverletzung zu unterstellen.

Ja und nein! Sind in diesen Gesetzen die Strafen so richtig bestimmt, daß man der indirekten Einwilligung in die Verletzung, welche ja in der Annahme des Kampfes liegt, eventuell auch der ehrenhaften Gesinnung der Kämpfer genügend Rechnung tragen kann, besitzen sie die nötige Elastizität und läßt man — wie dies richtig wäre — dem Gericht die Wahl zwischen den verschiedenen Arten der Freiheitsstrafe offen, so fehlt jede Ungerechtigkeit. Jene Elastizität aber sollen die Gesetze überhaupt besitzen: denn die eventuelle Einwilligung, auch die Ehrenhaftigkeit der Gesinnung können auch außerhalb des Duells bei Tötung wie Körperverletzung begegnen.

Übrigens ist der gerechte Wäger menschlicher Taten hier hervorzuheben genötigt, daß gewisse Tötungen und schwere Verletzungen im Zweikampf an Verbrecherischkeit der Gesinnung und an Schwere des Strafgehaltes in Nichts hinter den schwersten Angriffen auf Leben und Gesundheit außerhalb des Zweikampfes zurückbleiben. Es kann sich auch die Tötung im Zweikampf als ganz gemeiner Mord darstellen. Man braucht sich nur zu denken, daß der treffliche Schütze, der ausgezeichnete Fechter einen Reizbaren, aber sozusagen Kampfunfähigen zur Forderung provoziert, um ihn dann im Zweikampf über den Haufen zu schießen oder für die Zeit seines Lebens zum Krüppel zu hauen. Solche Personen gehören aufs Schaffott oder ins Zuchthaus, aber nicht für relativ kurze Zeit in die custodia honesta!

Man denke des Weiteren an den Wüstling, der die Tochter verführt hat, und nun im Zweikampf geflissentlich den Vater über den Haufen schießt, Schuld auf Schuld berghoch häufend! Man denke an alle frivolen Provokanten des Zweikampfes, welche Ehrenmänner, vielleicht die einzigen Ernährer ihrer Familien, in den Zweikampf hineinzuzwingen erfolgreich bemüht waren und an diesen dann frech ihre Lust büßen! Oder wird vielleicht behauptet, solche Rowdies gäbe es nicht, die den Zweikampf zum Deckmantel ihrer Gemeinheit machten? Und das Gesetz krönt ihre Bemühungen und erklärt sie für Ehrenmänner!

Nein! Wie überall, so fordert die Gerechtigkeit auch hier die Durchführung des Grundsatzes: Jedem das Seine, jedem genau die Strafe oder die Nichtstrafe, die er verdient! Außer der eventuellen Zustimmung des Verletzten und vielleicht dem ehrlichen Glauben an die Notwendigkeit des Zweikampfes gibt es keine besonderen Strafzumessungsgründe für die Tötung und die Körperverletzung im Duell, und das Gewicht jener eventuellen Einwilligung ist oft gleich Null und verschwindet ganz für die,

Das Zweikampfverbrechen ist gesetzlich fallen zu lassen.

welche sich in dem Notstande befinden, fordern oder die Forderung annehmen zu müssen.

So müssen alle Sonderstrafdrohungen für die Verletzungen im Zweikampfe verworfen werden.

Dann aber dürfte sich die Beibehaltung eines besonderen Zweikampfverbrechens als unnötig erweisen. Denn steht auch im unblutig verlaufenem Kampfe der eine Kämpfer dem andern nach dem Leben und hat er zu diesem Zwecke die tödliche Waffe gebraucht, so liegt schon ein strafbarer Versuch vor. Fehlt den Kämpfern die Verletzungsabsicht — wie dies ja auch vorkommt — und machen sie beide von der Waffe keine ernstliche Anwendung, so sind sie nach richtiger Auffassung schon heute straflos. Schießt aber der eine in der Absicht zu treffen und der andere aus gegenteiliger Absicht in die Luft, so fehlt doch jeder Grund, den letzteren noch mit der Zweikampfstrafe zu belegen.

Eine ganz andere Frage aber geht dahin, ob man auch die Forderung zum Zweikampf mit Strafe verschonen sollte? Ich verneine sie unbedingt. Diese Forderung wird stets ein Pressionsmittel, eine Art von Nötigung des Geforderten sein sich auf den Zweikampf einzulassen und ist als solche schon strafrechtlich nicht unbeachtlich.

Sie will aber vielfach noch mehr! Sie soll dann dazu dienen, den Beamten oder den vorgesetzten Offizier in seinem dienstlichen Verhalten zu beeinflussen oder wegen einer pflichtmäßigen Amtshandlung zur Rechenschaft zu ziehen. Das sind unerträgliche Attentate auf die Staatsgewalt! Haben wir doch das scandalum erleben müssen, daß ein Zeuge, der zugleich Reserveoffizier war und dem der Richter in der Hauptverhandlung Vorhaltungen wegen Ungebühr machen mußte, diesen nachher gefordert hat.

In diesen Fällen, aber auch nur in diesen wäre auch die Annahme der Forderung mit Strafe zu belegen, und der Vollzug des Kampfes hätte als Schärfungsgrund zu dienen. Schon das Mil.-Str.-G.-B. § 112 hat diesen Gegenstand durchaus angemessen behandelt.

So heischt die Gerechtigkeit, daß auch die Schuld nach ihrem Maße gesühnt wird, die sich vollzieht im Rahmen des Zweikampfes — und zwar die individuelle Schuld aller dabei mitwirkenden Personen. Die Gesetzgebungspolitik erlaubt, ja verlangt das Fallenlassen des besonderen Duellverbrechens, jedoch die Beibehaltung der Forderung und in seltenen Fällen auch der Annahme als strafbarer Handlungen.

Aber überwunden wird durch solch gerechte Strafgesetzgebung der Zweikampf nicht — auch dann nicht, wenn sie nicht versäumt, der Ehre den Strafschutz zu teil werden zu lassen, den sie verdient, aber jetzt noch entbehrt.

Siegt jedoch endlich die Wahrheit, daß unserer aller Ehre eine Hornhaut hat, durch keine Waffe in dritter Hand verletzbar, dann werden wir uns selbst seltsam vorkommen, wenn wir uns sehen stets die Hand am Schwert, um unsere Ehre gegen Feinde zu verteidigen, die es nicht gibt, die zu ihrer Verletzung wenigstens vollständig ohnmächtig sind. Unsere

Im Duell triumphiert oft Ehrlosigkeit über Ehre.

Ehren-Nervosität wird stolzer Ehren-Gewißheit Platz machen.

Und diese eine Erkenntnis gebiert die zweite: eine wirklich verletzte Ehre kann nicht durch Kampf repariert werden. Er kann nur für Mut und ehrenhafte Kampfführung beweisen. Im übrigen beweist er nicht für Ehre und kann sie noch weniger erzeugen. Es ist früher behauptet worden, die Ehre der Kämpfer sei nach dem Kampfe die gleiche wie vorher: gleich intakt oder gleich anbrüchig — je nachdem. Ganz richtig ist dies nicht! Denn nun steht zu Lasten ihrer beiden Kontis eine Verachtung des Gesetzes: und in den Augen des Juristen ist das in der Tat ein Ehrenmakel!

Mit dieser Erkenntnis aber fallen uns erst die Opfer des Zweikampfes in ihrer ganzen Schwere auf die Seele — auch wenn wir uns freihalten von der heute so weitverbreiteten Überschätzung j e d e s Lebens. Stehen sich zwei Männer im Zweikampfe gegenüber, wie dies wohl vorkommt einer so schlecht und verdorben wie der andere — und beide bleiben auf dem Platz, dann hat die Gesellschaft, wenn sie nicht sentimental werden will, wahrlich keinen Grund ihnen eine Träne nachzuweinen.

Aber es fallen auch Ehrenmänner, es bleiben völlig Schuldlose, die tief gekränkten Verletzten tot auf dem Platze, oder sie werden für ihr ganzes Leben verstümmelt!

Das Gegenteil der Strafe wird Ereignis: der Urheber des Unrechts hat den Schuldlosen in seinem Gefühle erst tief verwundet, jetzt triumphiert er auch noch über dessen Leben oder Gesundheit.

So gehen uns lebenswerte Leben verloren, Leben, die wir zu achten, zu schützen, zu erhalten allen Grund haben. Und nicht fallen sie einem großen Zweck, wie der Soldat in der Schlacht: nein, sie erliegen einer falschen Lehre, einer falschen Empfindung. Gewiß steht die Ehre uns allen höher, als das Leben: wir werden im Notstand lieber das Leben opfern als ehrlos handeln. Der Schuldlose aber, der im Zweikampf fällt, hat durch seinen Tod seine Ehre nicht gerettet, denn sie war ihm nie verloren; jetzt aber mit seinem Tode ist der Ehrenträger samt seiner Ehre zugrunde gegangen: denn der Tote hat keine Ehre mehr! Und der Tod des Schuldigen kann zwar eine Buße sein, seine frühere Schuld aber wird dadurch nicht getilgt.

Der Stand, der am Zweikampf am festesten halten wird, das ist unser Offiziersstand. Er ist in den Anschauungen aufgewachsen, welche zur Annahme seiner Notwendigkeit führen, und der Mut hat für ihn Berufswert. Wie die Dinge heute liegen, wird für seine Angehörigen der Zweikampf unter bestimmten Voraussetzungen sogar zur Berufspflicht. Höchst ungerecht wäre, sie wegen Erfüllung dieser Pflicht mit Vorwürfen zu überhäufen. Aber in dieser gebotenen Unterlassung liegt mit nichten die Anerkennung der Richtigkeit jener Standesanschauungen.

Eine höchst segensreiche Wandlung der Lage — und zwar von heute auf morgen — könnte durch Nachahmung des englischen Vorbildes an höchster Stelle dadurch herbeigeführt werden, daß als Berufspflicht der Offiziere nicht mehr in gewissen Fällen der Vollzug

Erkenntnis der Irrtümlichkeit seiner Motive überwunden.

des Zweikampfes, sondern seine unbedingte Vermeidung bezeichnet würde. Dann würde auch die heute so schwer geschädigte Autorität des Strafgesetzes wieder hergestellt werden.

Wann das Jahr kommen wird, das unserem Vaterland bringt, was das Jahr 1844 für England gebracht hat, den Sieg über ein falsches und veraltetes Beweismittel — wir wissen es nicht und ein großer Teil von uns wird es nicht mehr erleben.

Aber kommen wird es. An seiner Herbeiführung wird die Gerechtigkeit des Gesetzes ihren bescheidenen Anteil haben. Die Macht aber, die den Zweikampf bei uns besiegen wird — vielleicht spät, aber sicher: das ist die Wahrheit, ihre allmähliche Erkenntnis und die reinigende und beruhigende Rückwirkung dieser Erkenntnis von der absoluten Unverletzlichkeit unserer Ehre durch dritte Hand auf das Gefühlsleben unsrer Nation.

Printed by Libri Plureos GmbH
in Hamburg, Germany